マルクス主義の正体

人類を破滅させる妄想体系

Marxism Unmasked:

From Delusion to Destruction

ルートヴィヒ・フォン・ミーゼス
Ludwig Von Mises

赤塚 一範［訳］

学術研究出版

Marxism Unmasked:
From Delusion to Destruction

by Ludwig Von Mises

Lecture Transcriptions by Bettina Bien Greaves

First published 2006 by Foundation for Economic Education, New York.
This Japanese edition published 2023
by Academic Research Publication, Hyogo.

凡例

・編集者による注は、※1、※2、と番号を振り見開き左端に記載した。また、その中の一部のものは情報が少なかったため、情報を加えた上で、訳注として記載した。

・訳者による注で、長いものは、1、2、と番号を振り見開き左端に訳注として記載した。短いものは、［　］のように本文中に挿入した。（　）は原則として、原書によるものである。

・原著の明らかな間違いは適宜修正したが、著者の確認が必要なものについては、著者がすでに亡くなっているため、訳注にて修正の詳細を記載した。

目次

謝辞

本書*Marxism Unmasked*（邦題『マルクス主義の正体』）に収録されているルートヴィヒ・フォン・ミーゼスの講義は、『ザ・フリーマン』誌の後援のもと、一九五二年六月二三日から七月三日にかけて、サンフランシスコ公共図書館にて開催された。講義は、ベッティーナ・ビエン・グリーブス夫人によって、速記で書きとどめられた。彼女は親切にも、出版のためにこれら講義を経済教育財団に提供してくださった。グリーブス夫人は、経済教育財団の上級スタッフとして五〇年近く勤務し、一九九九年に惜しまれつつも退職された。彼女は、亡夫のパーシー・L・グリーブス・Jr．と共にルートヴィヒ・フォン・ミーゼスの長年にわたる友人であり、同僚であった。実際のところ、彼女ほどミーゼスの思想や著作に精通している人物はこの世に存在しない。

本書の出版は、ミシガン州ファーミントンヒルズのシェルドン・ローズ氏、ペンシルベニア州ピッツバーグのリチャード・E・フォックス財団の惜しみない継続的な支援で実現された。特に、オーストリア学派経済学とルートヴィヒ・フォン・ミーゼスの思想に献身的な関心を持つフォックス財団のエグゼクティブ・ディレクターのマイケル・ピバーニク氏に深く感謝する。

経済教育財団の月刊誌『ザ・フリーマン』の編集長であるベス・ホフマン夫人が、今回も原稿作成の全体を監督した。細部にまでわたる彼女の献身よって、素晴らしい本書が完成した。

訳者解説

本書は講義録であり、ミーゼスの書籍の中ではかなり読みやすい部類に入るだろう。それでも、いくつかの知識を頭に入れてから、「本文」を読み進めた方が分かりやすいのではないかと思い、不遜ではあるが解説を先にした。なお、マルクス主義、ミーゼスの属するオーストリア学派経済学について知識のある方は、とばして「本文」からお読みいただきたい。

ルートヴィヒ・ハインリッヒ・エドラー・フォン・ミーゼス（一八八一―一九七三）は、オーストリア＝ハンガリー二重帝国のレンベルグ（現ウクライナのリヴィウ）生まれの、オーストリア学派に属する経済学者、自由主義者である。彼は一九〇六年にウィーン大学で法学博士となり、一九〇九年からオーストリア商工会議所に勤務した。仕事の傍ら、一九一二年に公表された『貨幣及び流通手段の理論』で経済学者としての地位を確立する。第二次大戦最中の一九四〇年にアメリカへ亡命。一九七三年に九二歳で亡くなるまで、精力的に執筆、講演等を行った。彼の弟子には、ノーベル経済学賞を受賞したフリードリヒ・ハイエクをはじめ、フリッツ・マハループ、ゴットフリート・ハーバラー、マレー・ロスバード、イスラエル・カーズナー等がおり、またヴィルヘルム・レプケやミルトン・フリードマンにも影響を与えるなど、二〇世紀の自由主義経済学の形成に大きな役割を果たした。

ミーゼスの著作 *Marxism Unmasked: From Delusion to Destruction* (Irvington-on-Hudson, New York: FEE, 2006)[1]を邦訳したのが本書である。本書のもとになった九つの講義は、経済教育財団（Foundation for Economic Education）の機関月刊誌『ザ・フリーマン』（二〇一六年廃刊）の後援によって、サンフランシスコ公共図書館の会議室にて一九五二年六月二三日から七月三日の夕方に二時間ほど行われた。この講義は、『ザ・フリーマン』の読者に向けたものであるが、教師、大学院生、ジャーナリスト等には奨学金も与えられるなど自由主義教育を目的としたものであった。正確な規模はわからないが、会議室で行われたことから、おそらく中〜小規模のセミナーであったことだろう。『ザ・フリーマン』に掲載された当時の案内によると、一連の講義を貫くテーマは「社会科学の重要問題」であり、マルクスの弁証法的唯物主義批判に五回分の講義があてられると告知されている。また、残りの四つは、資本の問題を中心として、貯蓄、投資、経済計算、景気循環、損益、海外投資の問題が講義されるが、これらはミーゼスの経済理論の中核をなすものである。前半のマルクス主義批判と後半のミーゼスの経済理論を対比することで、マルクス主義の危険性と市場経済の重要性が際立つ構成となっている。従って、後に経済教育財団によって与えられた *Marxism Unmasked* という書名は、的を射ているものと思う。

この講義は、長い間公表されることはなかった。しかし、経済教育財団の上級スタッフであり、かつミーゼスの長年の友人でもあったベッティーナ・ビエン・グリーブスが、速記による講義録を提供してくれたおかげで、二〇〇六年にアメリカでの出版が可能となった。

《現代に復活するマルクス主義》

ここ最近、特に二〇〇八年から二〇二三年までの情勢を鑑みたとき、本書のもととなった講義が七〇年以上前のも

1　アメリカにおいて、オーストリア学派の経済思想、とりわけミーゼスの思想の普及に大きな役割を果たした機関の一つが、この経済教育財団である。経済教育財団は、レオナード・リードやヘンリー・ハズリット等によって、一九四六年にニューヨーク州アーヴィントンを拠点に設立された自由主義的シンクタンクである。『ザ・フリーマン』は、一九五〇年にヘンリー・ハズリット等によって創刊されたが、財政問題から廃刊の危機に瀕し、一九五二年、経済教育財団の買収により同財団の機関誌となった。ミーゼスは、経済教育財団の相談役、講師、作家、スタッフであり、この財団の支援のもとで、多くの講義、論説の発表が行われた（一九七一年三月二六日ミーゼスが八九歳で開催された彼の最後の講義は、経済教育財団の本部で開催された）。本書もそのような講義を書籍化したものの一つだ。その他に、一九五一年夏、経済教育財団本部のあるアーヴィントンで開催された連続講義が本書と同じくベッティーナ・ビエン・グリーブスによって文字起こしされ、二〇〇四年に *The Free Market and Its Enemies*（未邦訳）と題され出版されている。

のであるにもかかわらず、まるで現代の出来事に向けて書かれたかのようで驚きを禁じ得ない。しかし、この原因は極めて単純である。現在、世界的にマルクス主義が復活しているのだ。

一般的な見解として、一九八九年のソヴィエト連邦の崩壊以降、マルクス主義は時代遅れで間違っていると考えられてきた。しかし、二〇〇八年九月のリーマンショックと続く金融危機によって、状況は一変する。「ウォール街を占拠せよ」を合言葉とする二〇一一年のオキュパイ運動が示すように、資本主義は不公平で欠陥のある制度であり、資本主義に代わる体制（すなわち社会主義）を構築すべきだという意見が広まった。たとえば、資本主義の下では経済的不平等が拡大すると主張する、二〇一三年に公刊されたフランス人経済学者トマ・ピケティの『二一世紀の資本』は、難解かつ高価な学術書（日本語版は七二八頁、税抜きで五五〇〇円）にもかかわらず全世界で三〇〇万部以上も販売された。二〇一五年のイギリスにおいては、極左とも呼ばれるジェレミー・コービンが労働党の党首に選ばれた。二〇一六年のアメリカ大統領予備選挙においては、社会主義者バーニー・サンダースが躍進した。これら躍進を支えたのは、「ジェネレーション・レフト」と呼ばれる左傾化した若者たちであった。これら政治家は、以前なら決して主流になれないはずのマルクス主義者であるが、大方の予想に反して、表舞台に躍り出た。

このマルクス主義の復活を加速させているのが、脱炭素運動とコロナ・パンデミックだ。グレタ・トゥーンベリ女史等、脱炭素運動の主導者たちは、資本主義下で地球環境は搾取されるという現代版搾取の理論でもって資本主義を攻撃する。彼らによれば、恐慌や貧困だけでなく、地球温暖化もコロナ・パンデミックも資本主義のせいで起こるのである。日本において二〇二一年新書大賞を受賞したマルクス研究者の斎藤幸平氏の『人新世の資本論』（二〇二〇年）は、マルクス主義と環境問題を融合させたもので、二〇二二年末の時点で五〇万部以上売り上げた。別の著作で斎藤氏は、「金融危機、経済の長期停滞、貧困やブラック企業。そして、新型コロナウイルスのパンデミックと気候変動の影響による異常気象が、私たちの文明的生活を脅かすようになっています。要するに、資本主義の暴走のせいで、私たちの生活も地球環境も、めちゃめちゃになっている」[2]と何でもかんでも資本主義のせいにする。

マルクス主義の復活を反映するかのように、近年の日本の出版業界では、関連書籍の翻訳が流行している。たとえば、キア・ミルバーン『ジェネレーション・レフト』（二〇二一年、堀之内出版）、ヤニス・バルファキス『クソったれ資本主義が倒れたあとの、もう一つの世界』（二〇二一年、講談社）、アーロン・バスターニ『ラグジュアリーコミュニズム』（二〇二一年、堀之内出版）、アーロン・ベナナフ『オートメーションと労働の未来』（二〇二二年、堀之内出版）、クリステン・R・ゴドシー『あなたのセックスが楽しくないのは資本主義のせいかもしれない』（二〇二一年、河出書房新社）、ジェイソン・ヒッケル『資本主義の次に来る世界』（二〇二三年、東洋経済新報社）などがあり、版を重ねているものも多い。これらは、多少の違いはあれ、資本主義は悪で社会主義は善だと主張する。

さらに残念なことに、マルクス主義と同時に、ケインズ主義も復活した。現代版ケインズ主義者たちは、資本主義を廃止すべきとは言わないが、それには欠陥があり、不況や貧困の根絶、脱炭素推進、コロナ克服、少子化克服のために、政府は積極的に役割を果たすべきだし、もっと市場に介入すべきだと主張する。具体的には、二〇〇八年のリーマンショック後にオバマ大統領が行ったグリーン・ニューディールや二〇一二年に誕生した第二次安倍政権のアベノミクスは、ケインズ的と言え、実際、政府は貨幣供給量と財政支出を拡大させてきた。近年、アメリカや日本において盛んに議論された「現代貨幣理論」（ＭＭＴ）も、ケインズ主義の復活を示していると言えよう。

ちなみにマルクス主義とケインズ主義が時を同じくして流行するのは、大戦後のアメリカや日本を見てもわかる通り歴史的事実であるし、ある意味当然の帰結でもある。資本主義を攻撃するマルクス主義に対抗しようとして、政府はバラマキ型のケインズ主義を採用し、大衆を取り込もうとするのだ。

2　斎藤幸平『一〇〇分ｄｅ名著　カール・マルクス　資本論』二〇二一年、ＮＨＫ出版、六頁。

現在、これらの復活により、多くの政府は、規制を増やし、信用と政府支出を拡大させている。その結果が、コロナ禍にもかかわらず株価が高値を付けるバブル、エネルギー価格の高騰、インフレであり、二〇二三年二月以降に生じている世界的金融不安である。また、米・中問題やロシア・ウクライナ問題等、世界的分断や国際戦争の危機も、マルクス主義やケインズ主義によって作り出されていると言っても良いであろう。本来市場とは、自分の必要とする財の平和的獲得を可能にするシステムであるが、この平和的な財獲得のシステムが侵されたときに、戦争を行うことが有益となってしまうのだ。

《本書の現代的意義》

マルクス主義的な思潮が強くなっており､それが「希望」であるとさえ考えられている現代だからこそ、ミーゼスの思想が必要だ。なぜなら、ミーゼスほどマルクス主義の危険性をいち早く、正確に理解していた人物はいないと言っても過言ではないからだ。実際、九二年にわたるミーゼスの生涯の大部分が、マルクス主義や社会主義との戦いに捧げられたのだ。

> 必要なことは、多数派を納得させることなのです。多数派がいつも正しいわけではありません。反対に、多数派は頻繁に間違えると言えるでしょう。しかし、もし皆様方が政府の暴力的転覆を望まないのであれば、もしくは、皆様方が少数派であるならば、人々に対して何度も話しかけ、執筆するしかないのです（本書八六頁）。

本書も、その戦いの一つと言えよう。とはいえ、日本では、資本主義や自由主義の啓蒙書として、ハイエクの『隷属への道』（一九四四）、フリードマンの『資本主義と自由』（一九六二）を筆頭に、いくつかの書物が知られている。

ミーゼスの思想は、ハイエクやフリードマンの源流に位置するものなので、それらを学べばミーゼスの著作を読まなくても問題ないようにも思える。だが、この考えは間違いだ。というのも、ミーゼスの思想の重要な部分が彼らの思想にきちんと取り込まれていないのだ。従って、ミーゼスの貢献を正確に学ぶためには、ミーゼスの著作に当たらなくてはならない。

ここで、ミーゼスとハイエクの関係を簡単に説明しよう。社会主義が未来をもたらすと多くの人々が信じていた時代、一九二〇年に、ミーゼスは「社会主義共同体における経済計算」で社会主義経済の不可能性を指摘し、社会主義経済計算論争を開始した。一九二二年に出版されたミーゼスの『社会主義』は、ハイエクをはじめ、社会主義こそが世界を救うと考えていた理想に燃える多くの若者たちの心を変えた[3]。一九二七年、ミーゼスはオーストリア景気循環研究所を開設し、その所長にはハイエクが据えられた。一九三〇年代、ミーゼスを擁護する形で社会主義経済計算論争にハイエクが加わる。一九四七年、自由主義を広げ社会主義に反対することを目的に、モンペルラン・ソサイエティがハイエク主導で設立され、ミーゼスもそこに加わった。

このようにハイエクとミーゼスは、市場経済、自由主義の擁護者として、共同戦線を張ったが、これは両者があらゆる点で意見を共にしたということを意味しない。詳しくは論じないが、経済計算論争の理論的基盤となっているミーゼスの主観主義や資本理論は、必ずしもハイエク等に完全な形で取り込まれているとは言えないのだ。つまり、市場経済についての理解を深めるためには、ハイエク等の理論と共に、ミーゼスの理論も学ぶ必要があるのである。

そのようなミーゼス独自の思想を学ぶために最も重要なのが、一九四九年に出版された『ヒューマン・アクション』

3　ハイエクは次のように語っている。「一九二二年にはじめて『社会主義』が公表されたとき、それは大きな影響を与えた。第一次世界大戦後、大学に戻ってきた若き理想主義者たちの見解を、それは徐々に、しかし根本的に変えてしまったのだ。私はそれを知っている。というのも、私もその中の一人であったからだ。」F. A. Hayek, "Foreword" to Ludwig von Mises, *Socialism*, Indianapolis: Liberty Fund, 1981, p.xix

だ。ミーゼスは、『ヒューマン・アクション』で、マルクス主義に対抗し得る独自の体系を作り上げた。マルクス主義というのは、唯物主義、古典派経済学、ヘーゲル哲学などを基礎に築かれる壮大な体系である。マルクス主義の強靭さの理由の一つに、この壮大な体系があげられるだろう。たとえば、マルクス体系を構成する特定の理論「労働価値説」の欠陥を指摘したとしても、残りの体系が生き残っているため、マルクス主義はしぶとく生き延びる。ミーゼスは、マルクス主義の強さが体系そのものにあり、その体系全体をひっくり返す必要があると認識していたのだ。

とはいえ、『ヒューマン・アクション』は、原著で九〇〇頁弱、翻訳はそれ以上のボリュームがあり、難解であるため、お世辞にも一般向きと言えないのも事実である。また、それはミーゼス独自の体系を説明するものであるが、マルクス主義そのものを直接批判しているわけでもない。マルクス主義を批判的に学ぶには、『ヒューマン・アクション』はやや敷居が高いと言えるだろう。

その点、本書はこれら問題をクリアした格好の入門書と言える。本書の特徴を二つあげるとすれば、マルクス主義体系をオーストリア学派経済学の視点から批判的に説明していること、そして、講義がもとになっているため、ミーゼスの他の著作と比べれば、平易な言葉で書かれていることがあるだろう。加えて、訳注も充実させ読者に寄り添うものになるよう努力した。本書を通じて、マルクス主義の正体を学ぶ機会としていただければ幸いである[4]。

《本書に貫かれているマルクス批判の哲学》

本書において、ミーゼスはマルクス主義や社会主義を厳しく批判し、私有財産制に基づく資本主義を擁護する。社会主義とは、私有財産制、つまり市場経済を廃止し、中央政府が生産手段を管理することで、適切な生産と公平な分配が行われることを目指す経済体制のことを意味するのに対し、マルクス主義とは、それに加え唯物史観をはじめとするマルクスの様々な考えを含んだマルクスの思想体系そのものを意味する。

さらに本書が扱う範囲は、マルクス主義・社会主義批判にとどまらない。本書では、先に述べたケインズ主義に加え、介入主義、全体主義、歴史主義、実証主義までもが議論されるが、それらの中には、マルクス主義とは直接的には関係のないものもある。たとえば、ケインズをマルクス主義者と見なすことはできない。だが、訳者が考えるに、これら諸思想のすべてに、ある部分においてマルクス主義と通じるものがあり、その共通点がそれらの諸思想を反市場経済、反自由主義的にするのではないだろうか。

今日を支配するのは、カール・マルクスの哲学です。……カール・マルクスとカール・マルクスの諸思想は、我こそは反共産主義者や反マルクス主義者であると力強く宣言する人々にさえ、幅広く受け入れられているのです。自らの哲学思想に様々な名前を付けたりしていますが、大抵の場合、人々の多くは、その根本において無自覚のうちにマルクス主義者なのです（本書二頁）。

これは現代にも当てはまる。「脱成長」、「脱炭素」、「ポスト資本主義」、「地産地消」、「SDGs」、「ジェンダー平等」、「エッセンシャルワーク」、「ブルシットジョブ」、「グローバルノース」、「グローバルサウス」、「親ガチャ」。これらの用語が直接間接にマルクス主義と繋がっていることに、どれだけの人々が気付いているだろうか。

さらにミーゼスは、資本主義や自由主義に属すると見なされる人々の心の底にも、マルクス主義に通じる思想が存在すると考えていた。先に述べたように、一九四七年にミーゼス含む世界各国の自由主義者（F・A・ハイエク、F・

4　ミーゼスの『自由への決断』（一九八〇年、広文社）も入門書として優れた一書である。現在、同書の新版がインターネット上で無料公開されている。また、ミーゼスの弟子であるカーズナーによって著わされた『ルートヴィヒ・フォン・ミーゼス　生涯とその思想』（二〇一三年、春秋社）はミーゼスの人生と業績の全体像を理解する格好の書である。

マハループ、W・レプケ、L・ロビンズ、J・スティグラー、F・ナイト、M・フリードマン等）がスイスのモンペルランに集まり、自由主義思想を広めるための団体（モンペルラン・ソサイエティ）が、ハイエク主導で作られた。フリードマンが語るには、その集まりで社会主義者と呼べるはずのないロビンズ、スティグラー、ナイト等と所得の再分配について議論した際、ミーゼスは突然怒り出し、「諸君ら全員、社会主義者だ」と言って部屋を出て行ったのである。この逸話は、ミーゼスを頑固な人物と揶揄する事例として用いられることが多い。実際、フリードマンは、異なる意見にも寛容であったハイエクと比較して、「ミーゼスは確固たる見解を持っており、いかなる意見の相違にもあまり寛容でなかった」と語る[5]。もちろん、ミーゼスには性格的な欠点があったのかもしれない。しかし、そのような見方だけでは、ミーゼスの思想の価値を損なわせてしまう。自由主義の美徳には、もちろん「寛容の精神」があげられる。しかし、それは異なる多様な意見のすべて正しく、すべて承認されるべきということを意味しない。それが意味するのは、異なる意見を政治権力や警察権力でもって圧殺してはならないということであり、自らが間違っていると信じる意見を批判する権利までは奪われないのである。むしろ、そのような批判や相手を説得する行為によって、議論が深まり、文明が進歩していくのだ[6]。ミーゼスを単に頑固な人物として見ることよりも、ミーゼスのそのような一貫した態度を生み出した根源、マルクス主義や社会主義に対して生涯戦い続けられた思想の特徴を探求することにこそ価値がある。

では、ミーゼスが一貫して持ち続けた確固たる見解とはいかなるものか。それは、訳者が考えるに、極めて強い「主観主義」である。そして、その対極にあるのが、本書の第1講義から第5講義で説明される「唯物主義」であり、ある種の客観主義、人間の主観性や主体性を軽視する考え方なのだ。そして、この唯物主義こそが、様々な思想を組み合わせて作られたマルクス体系の基礎であり、最も問題のある考え方なのである。ハイエクによれば、「過去数百年の経済理論の重要な進歩はすべて、主観主義の一貫した適用への前進[7]」である。そして、これを最も推し進めたのがミーゼスだ。

ハイエクは、ミーゼスの思想の特徴を次のように説明する。

これ（主観主義の適用）は、おそらくルートヴィヒ・フォン・ミーゼスが終始一貫してたどってきた展開である。多くの読者にとってはじめは奇妙かつ受けいれがたいと映る議論のほとんどの特異性は、主観主義の一貫した展開において、彼が長いあいだ同時代人の先を言っていたという事実に由来すると私は考える。彼の理論のあらゆる特徴的な性質――貨幣論からアプリオリズムまで――、また数理経済学一般と、とりわけ経済的現象の計量についての理解、そして計画化についての批判はすべてこの中心的な態度に直接由来している。[8]

訳者もこのハイエクの説明に同意する。ミーゼスは、自由主義を信奉する同時代人よりもいっそう主観主義を推し進めたのだ。だからこそ、ミーゼスはその対極にある唯物主義や客観主義的な考え方に対して激しい攻撃を加えたのであり、場合によっては彼にとって主観主義を徹底していないと感じる自由主義者たちをも批判したのである。そして、その徹底した姿勢こそがミーゼスの思想を際立たせているのだ。

5　二〇〇一年一〇月一日のフリードマンへのインタビュー。
https://www.pbs.org/wgbh/commandingheights/shared/minitext/int_miltonfriedman.html#3
6　訳者は、近年のアメリカのバイデン政権、日本の岸田政権など先進諸国が推進する、脱炭素やＬＧＢＴＱに関する政策は、非常に社会主義的であると危惧している。特に、それら政策に対して如何なる批判も許さないという風潮は全体主義的であり極めて危険である。
7　Ｆ・Ａ・ハイエク『科学による反革命』二〇一一年、春秋社、三一一頁。
8　前掲書、二五一頁。括弧内は訳者による。

《唯物主義は、反市場経済、反自由主義に通じ、圧政を生み出す》

では、唯物主義の何が問題なのか。その問題とは、唯物主義が反自由主義、反市場経済と結び付き、圧政を生み出すことである。誤解を恐れず簡単に言うとするならば、唯物主義とは、階級や物的生産諸力など物質的諸環境によって人間の思想は支配されるという思想であり、本書でミーゼスも指摘するようにマルクスの「手挽臼が封建主義を生み出し、蒸気挽臼が資本主義を生み出す」という言葉に集約されている。

ミーゼスに従えば、市場経済で生じるあらゆる出来事は、個々人の自発的な行動から生じる。つまり、現在の自分自身の境遇の改善に決定的に重要なのは、自らの行動であり、その行動を導く思想なのだ。ミーゼスは、「思想こそが人間と動物を分け、これが人間の本質である」とする。市場経済では、仮に自らの境遇が恵まれなかったとしても、自らの思いや行いを変えたり、創意工夫したりすることによって、環境を克服していくことができる。もちろん、環境的諸要因によって、改善の程度が制約されることはあるだろう。しかし、市場の結果として生じる、あらゆる出来事、あらゆる動きの出発点にあるのは、個人の意思なのだ。

別の場所でミーゼスは、資本主義に対して次のように述べる。

> だれでも自分の地位を変える自由があります。これが、身分制度と経済的自由の資本主義制度との違いであって、資本主義の下では、望んでいた地位に到達できなかった人は皆、自分を責めるほかないのです。[9]

しかし、唯物主義の観点に立てば、自らの不遇は、自らの思想や行動に原因があるのではなく、市場経済や邪悪な資本家や資本主義制度が悪いのだ。自らの境遇は、階級や物的生産力など諸環境によって決まるのであり、境遇を改善するために、自らの思いや行いを変える必要などない。状況を変えるため重要なことは、マルクス主義や社会主義の観点に立てば、悪しき私有財産制や市場経済（すなわち資本主義）を廃止することであるし、ケインズ主義や介入主義、歴史主義の観点に立てば、不完全な市場経済に介入することである。このような、個々人の責任を問わない考え方は、一見すると人に優しく、人道的に見えるかもしれない。しかし、政府が人々の人生の責任を持つということは、人々の生活全般への政府介入を認めるということであり、人々はあらゆる細目にわたって政府の命令に従わなくてはならないということをも意味する。つまり、唯物主義の行き着く先は圧政や暴政なのだ。さらに、絶対的な権力を持つ政府は、国際平和を脅かす。権力者は自らの拡張欲のため、あるいは、国内の圧政の不満を解消するために、国外を侵略する。

別の角度から、唯物主義が圧政に結び付きやすい理由、より正確に言うとすれば、主観主義を理解していないことがなぜ圧政となりやすいかを説明しよう。現代マルクス主義者の言葉を見てみよう。

資本主義のもとでは、いくらで売れそうか、どれくらい儲かりそうかが大事です。つまり、価格という形で現れる「価値」の側面ばかりが優先され、肝心の「使用価値」は二の次になる[10]。

それだから、売れそうな「商品」を、人間はひたすら作り続ける。実際にはすぐにゴミになる、大して役に立ちそうにない物も、売れるなら、とにかくたくさん作るのです[11]。

9　L・v o n ミーゼス『自由への決断』一九八〇年、広文社、四七頁。
10　斎藤幸平『ゼロからの『資本論』』二〇二三年、NHK出版、四〇頁。
11　前掲書、四四頁。

マルクスによると、価値には二つの側面がある。一つは商品の値段、すなわち商品価値である。もう一つは、人間の必要から生じる価値、すなわち使用価値である。たとえば、ペットボトルの水の値段は商品価値であり、水が人間の喉を潤すのは使用価値である。ここで述べられるように、マルクス主義者は、商品価値（値段）に振り回され大して役に立たないゴミを大量に生産してしまう資本主義を批判し、人間の必要に基づく使用価値に戻れと主張する。

しかし、この批判は的外れだ。使用価値は人間の必要から生まれる。その通りである。しかし、その商品が必要かどうかは、その人の主観による。いくら事業家が「わが社の商品は価値がある」と言っても、消費者が必要と思わなければ、その商品が売れることはない。先の引用にあるように、マルクス主義者は、売れる商品を役に立たないゴミと見なす。しかし、その商品が売れたということは、その商品は消費者から必要とされたということを意味する。あまりにも当たり前のことであるが、マルクス主義者はこんなこともわかっていないのだ。結局のところ、マルクス主義者が重視する使用価値とは、彼らが価値あると思うものの言い換えにすぎず、彼らは他人が価値あると考えるものを平気でゴミと言ってのけるのだ。

このようなマルクス主義者の価値に対する独善的な考え方が圧政を生む。水の使い道は喉を潤すだけではない。水を発電に使えば、人々の生活を豊かにできる。水を噴水として使えば、人々に感動を与えることができる。これは、事業家が水をどのように使うかを創意工夫した結果であり、主観的な問題だ。資本主義体制下では、多様な商品が存在している。それは、事業家が新たな価値を創造したり、消費者の多様な価値に合わせて商品を開発したりした結果であるのだ。水の使い方は、飲むことだけだと、「指導者」が決めたとすれば、それがどれくらい怖いことかわかるだろう。このような決定が、食べ物、飲み物、衣服、住居、教育、娯楽など、あらゆる商品、さらにはあらゆる人間の生き方にわたってなされるのがマルクス主義なのだ[12]。

ここでは詳しく議論しないが、現代マルクス主義者たちは、「温暖化」「気候変動」「脱炭素」を正義として、経済に対してあらゆる規制をかけようとする。しかし、そもそも温暖化には様々な説があるし、人間の創意工夫によって解決できる可能性もある。人類の歴史は自然環境の克服の歴史であるのだ。けれど、彼らは他の意見をすべて排除し、自分たちのやり方、すなわち「マルクス主義政策」を押し付けようとする。ここでは、かつて毛沢東が独善的な大躍進政策で何千万人もの餓死者を出したように、現代マルクス主義者たちの政策も同様の結果に行き着くだろうと指摘するにとどめたい。

《マルクス主義が繰り返し流行する理由》

マルクス主義や社会主義が圧政を生み出すことは、ソ連、ナチス（ナチスも国家社会主義であり、ある種の社会主義である）、中国、北朝鮮、ベトナム、カンボジアをはじめ歴史が証明するところでもある。それらの国々では、直接的な虐殺、および貧困などによる間接的な虐殺で、何十万、何百万、何千万もの人々が殺された。歴史上、これほどまでに大規模な虐殺は、他に存在しないだろう。しかし、それでもマルクス主義や社会主義に対する期待や好意的な意見は何度も蘇る。

このようなマルクス主義復活には、訳者が考えるに三つの理由がある。①先に説明したように、マルクス主義が壮大な体系であるため、体系の一部が駄目になったとしても残りの体系が生き残っているから。②あらゆることを自らの責任とする思想より、あらゆることを環境のせいにする思想のほうが、多くの人の心に響くから。③マルクス主義者の主張する、原始共産主義社会が豊かで平等で平和な社会であるという妄想が人々の郷愁を呼び起こすから。ここでは、②と③を簡単に説明しよう。

12　「エッセンシャルワーク」という言葉も極めて独善的である。その仕事がエッセンシャルかどうかを決めるのは、一体誰なのだろうか。

資本主義制度は、出世と功績とが正確に一致する制度です。もし成功しなければ、人々は苦しみを感じます。彼らは、知恵が欠けているために出世しないということを受け入れられず、社会のせいにするのです。その多くが社会を批判し、社会主義に転向するのです（本書四四頁）。

資本主義社会とは、自らの能力を用いて消費者にいかに貢献できるかが、成功と失敗を分ける社会であり、基本的にすべての人に自らが望む地位の獲得を目指すチャンスが与えられる。[13]このようなチャンスは、資本主義以前の階級社会には存在しなかったものだ。しかし、誰もがチャンスを生かせるわけではない。というのも、資本主義社会においては人々は法の下に平等ではあるが、個々人の意思の力や能力には違いがあるからだ。このように、資本主義社会では、誰もが自由に挑戦できるようになった反面、成功と失敗とがよりはっきりと現れる社会ともなったのである。つまり、資本主義社会では、階級社会よりも人々の心に劣等感や嫉妬心が生じやすいのだ。そして、この劣等感や嫉妬心を基礎として、マルクス主義は何度も復活するのである。

さらにマルクス主義は、劣等感や嫉妬心という人の心の隙に付け入る際に、ヒューマニズムという言葉で粉飾する。彼らによれば、資本主義は、強きものが弱きものを搾取する非人道的な体制であり、社会主義は、「弱きを助け強きを挫く」体制なのだ。たとえば、二〇一六年にある歴史家のエンゲルスの伝記が邦訳された際、作家の佐藤優氏は、「新自由主義的な弱肉強食の嵐が日本社会を席巻しつつある状況で、エンゲルスのヒューマニズムから学ぶべきことがたくさんある」と評した。誰しも、自分の責任を認めたくはないし、自らの弱さや欠点を正当化したくなるものである。しかし、そのような正当化をヒューマニズムと呼ぶべきではない。というのも、それで人間が成長することはないからだ。

マルクス主義が何度も復活する三つ目の理由が、良く言えばマルクスのユートピアの理想、悪く言えばマルクスの妄想が、現状に不満を持つ人々に強く訴えかけ、人々の郷愁を呼び起こすからである。マルクスもマルクス主義者たちも、社会の富を皆で共有する原始共産主義社会は、豊かで、平等で、平和で、人間同士が絆で結ばれた素晴らしい社会であると言う。よって、社会の富が私有される資本主義を廃止し、富を皆で分かち合う社会になれば、今よりも素晴らしくなるのである。もちろん、古き時代を懐かしむことが悪いわけではない。しかし、マルクス主義者のこの考えは妄想である。資本主義が生じる以前には、子供の多くが物心つく前に亡くなっていたという事実だけ取っても、原始共産主義社会が豊かであると言えるはずがない。

また、マルクス主義者たちは、原始共産主義社会の人間同士の絆、連帯、アソシエーションが素晴らしいと礼賛するが、たとえば江戸時代の村社会が本当に素晴らしいのであろうか。確かに、村社会は一見平等に見えるかもしれない。しかし、そこはおそらく一部の有力者たちが様々な掟を作成し、それに反する者は村八分にされるガチガチの管理社会ではないだろうか。そこには人間同士の絆もあるだろうが、相互監視のもとに同質性が強要される社会でもあるだろう。

ハイエクは、社会主義とは部族社会の原理を国家のレベルに当てはまることであるとみごとに看破している。日本で言えば、江戸時代の村社会の原理を、高度に分業の発達した近代国家日本に当てはめようとしているのだ。

《オーストリア学派経済学の特徴》

劣等感や嫉妬という人間の弱さに根差し、近代文明の原理そのものを否定するマルクス主義に対抗するためには、創造性、企業家精神、といった人間の強さを基盤とし、近代文明の原理に基づいて構築された経済学が必要だ。訳者

13　この詳細は、ミーゼスの『反資本主義の精神構造（*The Anti-Capitalistic Mentality*）』（一九五六）で語られる。

が考えるに、その経済学こそが、ミーゼスやハイエクの経済学、オーストリア学派経済学である。

オーストリア学派経済学は、オーストリア人経済学者カール・メンガー（一八四〇―一九二一）の『国民経済学原理』（一八七一）に始まる。同書を基礎として、オイゲン・フォン・ベーム＝バヴェルク（一八五一―一九一四）、フリードリヒ・フォン・ヴィーザー（一八五一―一九二六）、ミーゼス、ハイエクは、ウィーン大学を中心に、独自の経済学を形成する。しかし、全体主義の台頭と共に、オーストリア学派経済学者たちは各地に離散し、その拠点をアメリカへと移していく。

オーストリア学派を際立たせ、その名声を不朽にするのは、まさにそれが均衡理論や非行為的理論ではなく、経済行為（economic action）の理論を作り上げたという事実にあるのだ[14]。

未来の人間が、この近代の発展がもたらした最も重要で広範囲な影響をとは何であったかを総括するとしたら、おそらく、「自分たちの運命を自ら決定しうるという感覚」、「自らの運命を改善していく無限の可能性への信念」、といったことをあげるだろう[15]。

オーストリア学派経済学の特徴は、数学的・機械的な経済学である新古典派経済学と比較して、一人ひとりの人間の行為に即した経済学であるということにある。市場を擁護する新古典派経済学においても、人間を機械のようなものと見なしている点においては、マルクス的唯物主義と似ている点がないとは言えない。他方で、オーストリア学派経済学は、個々の人間の主観性、つまり個々人が持つ価値観、信念、創造性、企業家精神、先見性、洞察力などを基盤として構築された経済学である。人間は、与えられた環境の中で企業家精神を発揮し、知恵を絞って現状を変革する存在である。そのような人間観を基に、オーストリア学派は、近代文明の基礎として、資本主義制度や市場経済を分析するのである。

《資本主義、市場経済の機能》

マルクスにとって、「市場」とは資本家が労働者を「搾取」する場である。彼にとって、「利益」とは「搾取」そのものであり、「私有財産」とはそのような「利益」を蓄積することで形成される富である。

他方、ミーゼスにとって、「市場」とは主体的な意思を持った資本家や企業家が消費者に「貢献」する場であり、様々に変化する消費者のニーズと整合的になるように、生産が調整されていくプロセスそのものである。市場において、資本家や事業家のボスは消費者であり、そこでは誰も消費者に逆らえない。ミーゼスはこれを「消費者主権」と呼んだ。そして、この調整のプロセスを機能させるために重要な要素が、「貨幣」と「価格」を用いた「損益計算」であり、「私有財産」なのだ。

ミーゼスにとって、「利益」は「搾取」ではない。むしろ、消費者（すなわち労働者）のニーズを効率的に満足させたかどうかを示す指標である。「利益」とは、簡単に言えば、「売上」－「費用」と定義できる。「利益」を大きくするためには、消費者のニーズを適切に満たして「売上」を拡大させ、限られた資源を効率的に使用して「費用」を抑えることが必要である。逆に、消費者のニーズを無視し、資源を浪費した企業には「損失」が生じる。損失を計上した企業は、自らの生産を修正しなければ、いずれ潰れてしまう。このように、市場とは、「損益」を通じ、消費者のニー

14　Ludwig von Mises. *Notes and Recollections*, Indianapolis: Liberty Fund. 2013, p.24.
15　Ｆ・Ａ・ハイエク『隷属への道』春秋社、二〇〇八年、一三一－一四頁。

ズに効率的に応えた企業が生き残り、そうでない企業は退出するように調整されるプロセスそのものなのである。「私有財産」というのは、このようなプロセスを通じ、「利益」を蓄積することで拡大し、「損失」によって減少する。

ヘンリー・フォードは、ほとんど何もないところから事業を始めました。彼は莫大な利益を上げましたが、その利益は彼の会社に再投資されました。このように、彼はアメリカでも最大の富の一つを比較的短期間のうちに築き上げたのです。その結果として、大衆向け自動車の大量生産という極めて新しい事態が生じました（本書一三九頁）。

マルクスは、このように蓄積された私有財産（生産手段）が一部の者たちに独占されていることを批判する。現代でも、「資本主義体制下では世界のトップ〇〇%が世界の富の〇〇%を独占している」と頻繁に批判される。しかし、資本家の「私有財産」というのは、自らの欲望を満足させるために資本家が自由に使用できるものではない。反対に、資本家の「私有財産」というのは、「消費者を満足させる財やサービスを生み出す生産手段」、つまり、消費者の望む商品を生み出す、機械や建物など資本財として存在しているのだ。従って、マルクスたちが批判する私有財産の占有というのは、資源を用いて消費者に貢献するのが上手なものの手に資源が集中しているにすぎないのであり、それで消費者は損をするどころか得をしているのだ。ちなみに、金融緩和によって、格差が不当に拡大してしまうのは事実だ。しかし、後で説明するように、それは政府の貨幣への介入のために起こるのであり、資本主義のせいではない。

ギリシャの社会主義者ヤニス・バルファキス氏は、著書『クソったれ資本主義が倒れたあとの、もう一つの世界』（二〇二一年、講談社）の中で生産手段が平等に所有されるという社会主義の理想を描いている。これは、本書の第4講義でも取り上げられるサンディカリズムの思想（労働組合が資本主義を打倒し、生産手段を管理するという思想）

を反映させた世界である。たとえば、AさんとBさんが資金を出し合って、カフェを開いたとする。通常であれば、このカフェの所有権は彼らのものである。しかし、その世界では、もし彼らがアルバイトを雇ったとするならば、そのアルバイトにもカフェの所有権を等しく渡さなくてはならないのである。なぜなら、そのアルバイト、Aさん、Bさんの労働は同じくらい重要であるからだ。

しかし、AさんとBさんの資金は、自らの貯金もしくは借金から捻出したものであり、彼らはリスクを負っている。また、カフェを開く際の情報収集、ビジネス構想、諸々の手続きなどの行為は、AさんとBさん独自の貢献だ。だが、バルファキス氏は、これら貢献を全く評価しない。同書の中に「富は言語と同じく集団的にしか生み出されない[16]」という一文がある。つまり、富を生み出すのに、特定の個人の貢献などなく、ある人が創意工夫して富を生み出しても、その成果は皆に分配されるべきなのだ。こんな世界で投資など起こるはずがないし、消費者にとって有用な企業が成長することもない。というのも、いくら消費者に貢献しても、その努力が報いられることはないからだ。バスティアが言うように「所有とは自分の努力をみずから専有する権利」である。ここで述べたような私有財産の規制や、市場や企業に対する他の様々な規制や課税は、事業家たちの投資意欲を減退させ、消費者の利益を害するのである。

《貨幣に対する政府介入がバブルやインフレ、恐慌を生み出す》

ミーゼスによれば、市場の機能を阻害する様々な介入の中で、とりわけ問題なのが「貨幣」への介入だ。というのも、「貨幣」への介入は、価格体系全体に影響し、それが企業の「損益計算」を狂わせ、消費者に貢献するものの手に資源が集中するという市場の機能を妨げるからである。そして、さらに悪いことに、市場の機能不全は、経済にバブ

16　ヤニス・バルファキス『クソったれ資本主義が倒れたあとの、もう一つの世界』二〇二一年、講談社、九五頁。

ルやインフレ、恐慌という混乱を生じさせる。

一九世紀の根本的な問題は、これらのことを人々が認識していなかったことにあります。その結果として、ほぼ周期的に不況に陥るのは資本主義のせいだと人々が信じてしまい、資本主義の信用は地に落ちたのです（本書一二六頁）。

マルクスもケインズも資本主義には「過少消費」という欠陥があり、その欠陥が恐慌を作り出すと考えていた。マルクスによれば欲張りな資本家が過剰に搾取するため、ケインズによれば投資機会が減少するため、資本主義は必ず恐慌に陥るのだ。二〇〇九年一月二〇日の就任演説でオバマ大統領は、経済危機は「一部の人々の強欲さと無責任さの結果」であるとしたが、これはマルクスの考え方である。ミーゼスにとって、むしろ政府が「貨幣」に介入することによって、バブルやインフレが生じ、その反動として恐慌が起こるのだ。

貨幣への介入は、まず、現在財と将来財の交換比率である利子率を乱す。貨幣の増加による利子率の低下によって、それがなければ取り組まれなかったはずのプロジェクトが実行可能であるというシグナルが企業家に発信され、その結果、多くの不健全なプロジェクトに資金が流入し実行される。他方で、貨幣の増加に対して、現実の資本財が増加しているわけではないので、これは早晩、資本財価格の上昇を引き起こす。資本財価格の上昇は、一部の者の資産を増加させ、ある種のバブルを生む。これら不健全なプロジェクトやバブルを維持するには、貨幣を増加させ続けて低利子を維持するしかない。しかし、その影響は、やがて経済全体に影響を及ぼすようになり、インフレが生じる。

そして最終的に二つの選択肢に行き着くのである。それが、ハイパーインフレと大恐慌だ。もし、政府が不健全なプロジェクトやバブルを維持するために貨幣を増加させ続けるのであれば、インフレは加速し、最後にはハイパーインフレとなるだろう。あるいは、もし、政府が国民のインフレに対する不満に耐えきれず、貨幣の増加を止めるのであれば、不健全なプロジェクトは放棄されざるを得ないだろう。そして、バブルは崩壊し大恐慌となる。バブルやインフレの程度が大きいほど、恐慌は悲惨なものとなる。従って、政府はインフレが加速する前に、貨幣の増加を止めなければならない。

これを完全に避けるには、最初の時点において、政府による貨幣への介入を防ぐしかなく、だからミーゼスは金本位制を支持したのだ。また、同様の視点からハイエクは、貨幣の非国有化を主張する。

二〇〇〇年代後半から、リーマンショック、コロナ禍を経て世界各国で、かつてない規模で金融緩和と財政支出が拡大した。日本もアベノミクス以降の極めて強力な金融緩和によって、コロナ禍にもかかわらず、一時日経平均株価は三万円を超えるなどした。ところが、二〇二二年初頭から米国の中央銀行は、激しいインフレに対抗するために金利を上昇させ、欧州もそれに続いている。その結果が二〇二三年二月に生じた世界的金融不安である。日本もいよいよ金利の引き上げが迫りつつある。この結末がどのようになるのかを学びたければ、本書の第6講義、第7講義、第8講義を紐解くのが良いだろう。

《市場は人間の道徳性を反映する》

もちろん市場にも限界はある。市場は、消費者が望むものを効率的に供給するシステムでしかない。消費者が望みさえすれば、それが道徳的に良くないものであったとしても効率的に供給してしまう。つまり、市場は人間の道徳性や倫理観をそのまま反映するのである。たとえば、ギャンブルに狂った消費者が増えてしまえば、市場では、ギャンブルを供給するのが得意な者の手に資源が集中し、ギャンブルを効率的に供給できる体制が整ってしまうのだ。

消費者は必ずしも聡明なわけではありません（まったく聡明でないかもしれませんが）。しかし、消費者が主権者なのです。……決定的なのは消費者の声なのです。「この人たちは、趣味が悪い。私は他のものを買うことをお勧めするね」と言って消費者を批判するのは、生産者や製造業者のすべきことではありません。これは哲学者や芸術家の仕事です。偉大な絵描きやリーダー、歴史に名を残したいと考える人間は、趣味の悪い消費者に屈してはなりません。しかしながら、事業家は損益経営の支配下にあり、あらゆる細部にわたって消費者の望みに従って方向づけられるのです（本書一四一頁）。

ミーゼスも消費者が間違いを犯すこと、愚かな消費者がいることを認めている。たとえば、訳者の主観であるが、YouTubeなどで公開される動画は、もちろん素晴らしいものもあるが、道徳的、倫理的にまずいものも非常に多いように思う。過激なことを言ったり、行ったりする動画が再生回数を伸ばし、収益を得ている。もちろん、一部規制されるべき内容もあるだろう。しかし、だからと言って、政府が動画の内容を細かく規制するような流れを作るべきではない。それは、全体主義への道であるからだ。これは動画を作成する者とそれを視聴する者の道徳性や倫理観の問題である。

ミーゼスは、偉大なリーダーを目指すものは趣味の悪い消費者に屈してはならないと言う。その意味で、宗教家、哲学者、芸術家、言論人、教師などが資本主義や自由主義の意義を理解しつつ、彼らから人間性を高めるための議論が自由になされることが必要だろう。しかし私には、事業家や消費者たちも、自らの道徳性や倫理観を高めようと自発的に努力することが必要であると思う。市場は、そこに参加する者の道徳性を映し出す。市場を構成するのが私たち一人ひとりであるならば、この高度に発達した自由主義文明を維持するためにも、私たちには日々自由に道徳性を高めることを目標に生きていくことが必要とされるだろう。

《今こそ必要とされるミーゼスの信念》

様々な独自の理論を作り上げたミーゼスだが、その人生は順風なものではなかった。むしろ、逆風の中を一人で進んで行くものであった。ミーゼスは、支配的思想や多数派の考え方に屈することなく、自らの境遇を顧みず、自分が正しいと信じたことを決して曲げなかった。ミーゼスは、マルクス主義、社会主義の他にも、歴史主義、実証主義、ケインズ主義に対しても反対の論を張ったが、常に少数派であった。また、この姿勢のため、彼は有能であったにもかかわらず、オーストリアでは大学で常勤の職を得られなかったし、時には命の危険にも晒された。ミーゼスはナチスやソ連のブラックリストに載っていたのだ。実際、ナチスがオーストリアに侵攻した際、ウィーンのミーゼスのアパートに押し入り、彼の蔵書や著作物、文書などすべてを押収した（ミーゼスは既にジュネーブに拠点を移しており、難を逃れることができた）。

しかし、そのようなミーゼスの一貫した姿勢、生き様がミーゼスの思想形成に際して重要な役割を果たしていたのではないか。『回顧録』によれば、ミーゼスは、「困難に屈することなく、果敢に立ち向かえ」を座右の銘としていた。ミーゼスこそ、人間の信念の力を信じていたのだ。周囲の環境や境遇に屈することなく信念の力によって人間は運命を切り開けると、未来とは、政府の手の中にあるものではなく、一人ひとりの人間の自発的な意思によって作られるものであると、信じていたのだ。だからこそ、彼は、マルクス主義や社会主義に屈することがなかったのであり、その信念が多くの人を惹きつけ、彼を偉大にしたのである。ハイエクもミーゼスを次のように評する。

先生は孤立無援の中にあってさえも不屈の勇気を示されました。先生の思想が不人気と孤立をもたらしたときでも、終始一貫、厳しく節操を守られました。先生は公的学術団体から表彰されてしかるべきであるのにもかかわらず、長い間表彰されませんでした。先生が当然受けるべき賞のいくつかが、先生の弟子たちに奪われるのをご覧になりましたが、これは先生に対する羨望と偏見が長らく邪魔をしていたからであります。しかし不人気な大目的を擁護している他の多くの人々よりも、先生は幸運であります。これまで先生が長い間ほとんど孤立無援の中で戦って擁護された思想が勝利を収めるだろうということを、今日に至らない以前からすでにお見通しであったからであります[17]。

社会で生じるあらゆる理不尽な出来事は政府によって解決されるべき、と考える傾向が再び強くなってきている現代であるからこそ、ミーゼスの思想はより一層必要とされている。

本書の企画は、訳者が國學院大學経済学研究科の特別研究生であった二〇一八年頃に、指導教員の尾近裕幸先生から原著の存在を教えていただいたことに端を発する。その後も、出版に関して先生から様々アドバイスいただいた。本書を出版するまでに五年もかかってしまったのは、訳者の能力不足のせいである。しかし、ミーゼスが没したのは一九七三年一〇月一〇日であり、そのちょうど五十年後の二〇二三年一〇月に本書を出版することができ、何かしらの運命を感じずにはいられない。千葉商科大学の吉田寛先生には、出版までに様々ご支援をいただいた。特に先生の主催するミーゼス会読会にて本書を会読いただいたことは訳者にとって幸運であった。会読会では、蔵研也先生、山内智恵子先生、木村貴先生、岩倉竜也先生をはじめ他の参加者の方々からも、様々なアドバイスをいただいた。HSUの鈴木真実哉先生、伊藤淳先生からも貴重なご意見をいただいた。もちろん、本書の誤りのすべては訳者の責任である。訳者が所属するHS政経塾の上司、同僚、塾生にも本書の出版を応援いただいた。本書の校正では、学術研究出版の瀬川幹人氏にお世話になった。本書の出版は、本当に多くの方々の助力なしでは成し得なかった。ありがとうございました。

最後に、私たちに自由をお与えくださった主なる神に感謝いたします。

二〇二三年九月十八日　赤塚一範

17　マルギット・フォン・ミーゼス『ミーゼスの栄光・孤独・愛』日本経済評論社、二〇〇一年、三五六頁。

第1講義

1st LECTURE

精神、唯物主義、人類の運命

Mind, Materialism, and Fate of Man

今回の九つの講義のうち、最初の五つは、経済学ではなく哲学に関するものです。哲学は重要です。というのも、それを知っていようといまいと、人は誰でも一定の哲学を持っており、その哲学思想が行動を導くからです。

今日を支配するマルクス主義

今日を支配するのは、カール・マルクス（一八一八－一八八三）の哲学です。現在、彼は最も影響力のある人物です。カール・マルクスとカール・マルクスの諸思想――彼は諸々の思想を発明したわけでも、発展させたわけでも、改良したわけでもありませんが、それらを一つの体系に統合したのです――は、我こそは反共産主義者や反マルクス主義者であると力強く宣言する人々にさえ、幅広く受け入れられているのです。自らの哲学思想に様々な名前を付けたりしていますが、大抵の場合、人々の多くは、その根本において無自覚のうちにマルクス主義者なのです。

今日、マルクス主義者たちは、マルクス主義－レーニン主義－スターリン主義について論じます。近年、ロシアでは、ウラジーミル・イリイチ・レーニン（一八七〇－一九二四）やヨシフ・スターリン（一八七九－一九五三）の全集が刊行されています。しかし、その体系は、カール・マルクスの時代から何も変わっていません。実際のところ、マルクス主義は化石のようなものです。レーニンは敵対者を激しく非難しただけですし、スターリンは何の貢献もしていません。ですから、マルクスによって、一八五九年にこの哲学体系に対する最も重要な貢献[1]が公表されたことを踏まえると、上記のどの貢献にも「新しい」ところなどありはしないのです。

思想が世界を支配するには時間がかかります。マルクスは一八八三年に亡くなりました。その当時、彼の名はほとんど知られていませんでした。いくつかの新聞が、何冊かの本の著者カール・マルクスが死亡した、と報じただけでした。一八九六年、オイゲン・フォン・ベーム＝バヴェルク（一八五一－一九一四）[2]は、マルクスの経済思想を批判しました[※1]。しかし、わずか二〇年後、人々はマルクスを賢人と考え始めたのです。マルクスの思想、彼の哲学思想によって、私たちの時代は完全に支配されています。哲学書、小説、演劇等々における時事・歴史解釈だけでなく、大衆本におけるそれら解釈も、大抵マルクス主義的であり、その中心にあるのが、マルクス主義的歴史哲学なのです。この哲学から「弁証法」という用語が取り入れられ、彼のあらゆる思想に用いられています。しかし、このことよりもまずは、マルクス主義的唯物主義の意味を理解することの方が大切でしょう。

唯物主義とは何か

唯物主義には、異なる二つの意味があります。第一の意味は、主に倫理的問題に関するものです。欲にまみれた人間は、芸術や文化などでなく、物質的なこと――食べ物、飲み物、住居――にだけ関心を持つでしょう。この意味で、大多数の人間は唯物的です。唯物主義の第二の意味は、基本的な哲学的問題――すなわち一方で人間の精神や魂と、他方で人間の肉体や肉体の物質的機能との間にある関係――に対する独自の解決方法に関連します。この問題に対して様々な解答が与えられてきました（その中には宗教的な解答も含まれます）。肉体と心の間に繋がりがあることは良く知られており、外科医学によって、脳の特定の損傷が、人間の精神作用に特定の変化をもたらすことが明らかにさ

訳注1　一八五九年に出版されたマルクスの『経済学批判』のこと。その序言で、マルクスの唯物史観の定式が記されている。
訳注2　オイゲン・フォン・ベーム＝バヴェルクは、オーストリア学派に属する経済学者であり、オーストリア＝ハンガリー帝国の蔵相を務めた。ウィーン大学において、ミーゼスはベーム＝バヴェルクのゼミナールに出席していた。
※1　"The Unresolved Contradiction in the Economic Marxian System" in *Shorter Classics of Eugen von Böhm-Bawerk* (South Holland, Ⅲ.: Libertarian Press, 1962[1896; Eng. Trans. 1898]), pp. 201-302.

れています。しかしながら、この第二の唯物主義者たちは、人間精神から生じたものはすべて肉体が生み出したと説明するのです。

この哲学的唯物主義者は、二つの学派に分かれています。

A．一つ目の学派は、人間を機械と見なします。この機械論的唯物主義者が言うには、この問題はとても単純で、人間という「機械」は他の機械とまったく同じように機能するのです。フランス人ジュリアン・ド・ラ・メトリー（一七〇九－一七五一）[3]の『人間機械論』にこの思想が含まれていますし、今日でもまだ直接間接に、多くの人々は人間の精神作用のすべてをまるで機械であるかのように説明しようと考えています。たとえば『社会科学百科事典』を見てください。ある寄稿者の一人（ニュー・スクール・フォア・ソーシャル・リサーチ教員）は、生まれたばかりの子供は走る用意のできているフォード車のようなものだと記しています[4]。彼なら絶対にそう書くでしょう。しかし、新品のフォード車が自ら走ることはありません。機械が何かを成し遂げることなどありませんし、勝手に何かをすることもありません。――機械という手段を用いて何かを成し遂げるのは、いつだって人間なのです。誰かが機械を動かさなくてはなりません。人間の操作が途絶えてしまえば、機械の働きも途絶えてしまいます。このニュー・スクール・フォア・ソーシャル・リサーチの教授に「誰が機械を操作するのですか」と尋ねてみる必要がありますが、おそらく満足のいく返答は得られないでしょう。

まるでそれが生きているかのように、機械への「餌やり」が話題になることもあります。当然のことながら、それは生きていません。さらに、この機械は「神経衰弱」だと言う人もいますが、神経のない物体がどうして神経衰弱で苦しむのでしょうか。この機械理論は、何度も繰り返されてきました。しかし、それはあまり現実的でありませんし、それを真面目に信じる人間などいやしませんので、この理論を論じる必要はないでしょう。

B．より重要なのは、二つ目の学派が提案した生理学的理論です。この理論は、カール・マルクスの若い頃、ルートヴィヒ・フォイエルバッハ（一八〇四―一八七二）[5]やカール・フォークト（一八一七―一八九五）[6]によって、稚拙な方法で組み立てられました。この考え方によると、思考や思想は「単に」脳の分泌物なのです（唯物主義哲学者で「単に」という言葉を使用しない人はいません。それは「私は知っているが、説明することはできない」ということを意味するのです）。今日、科学者は、特定の病的な状態が特定の分泌物をもたらし、その分泌物が脳の中で特定の作用をもたらすことを知っています。実際、同じ状況にあれば、誰にとっても、この分泌物は化学的に同じものです。しかしながら、同じ状況にあったとしても、誰もが同じように考えるわけではありません。各々の考えは異なっているのです。

環境で思考は決まらない

そもそも、思想や思考は触れるものではありませんし、その上、同じ外的要因に対して、誰もが同じように反応することなどないのです。かつて、木からリンゴが落ち、とある若者に当たりました（アイザック・ニュートン）。これまで他の多くの若者たちにも同じことが起こったかもしれませんが、まさにこの出来事によって、この若者は変化

訳注３　ジュリアン・オフレ・ド・ラ・メトリーは、フランス人医師であり、唯物主義者。

訳注４　ニュー・スクール・フォア・ソーシャル・リサーチは、一九一九年にニューヨークで、進歩的知識人のグループによって設立された。ここでミーゼスが言及しているのは、ドイツ生まれの哲学者ホレイス・カレンによる行動主義（behaviorism）の説明である（Horace M. Kallen, "Behaviorism," *Encyclopedia of the Social Sciences*, 2, p.498.）。行動主義とは、唯物主義的な心理学の一派である。行動主義によれば、人間の行動は、心や意識とは関係がなく、反射や本能、遺伝など環境的要因によって決定される。本稿の第５講義も見よ。

訳注５　ルートヴィヒ・フォイエルバッハは、青年ヘーゲル派に属するドイツ人哲学者。代表作は『キリスト教の本質』（一八四一）。

訳注６　カール・フォークトは、ドイツの科学者、哲学者、政治家。科学者として、彼は、動物学、地質学、生理学などで業績を上げた。

し、そこからある発想を発展させたのです。

ですから、同じ現実が与えられたとしても、人間すべてが同じように考えるわけではないのです。たとえば、学校では、ある人は学び、ある人は学びません。人間には違いがあるのです。

バートランド・ラッセル（一八七二－一九七〇）[7]は、「人間と小石は何が違うのか」と問いかけます。彼が言うには、人間の方が小石よりも多くの刺激に反応すること以外に、違いはないのです。しかし、実際には違いがあります。小石は特定のパターンに従って反応しますが、私たちはこのパターンを知ることができます。ある一定の方法で小石を扱うなら、小石に何が起こるかを予想できるでしょう。ですが、ある一定の方法で人間を扱ったとしても、同じ様に反応することは絶対にありません。人間に対してそのような行為のカテゴリーを打ち立てることなどできないのです。従って、多くの人々は生理学的唯物主義が解答であると考えていますが、実際のところ、それは行き詰まっているのです。もし本当にそれがこの問題の解答であるならば、いずれにせよ、それが意味するのは、どんな状況であれ、私たちはあらゆる人々の反応の仕方を知ることができるということになるでしょう。しかし、誰もが、自分以外の他すべての人の気持ちを知っているような世界などあり得ません。

マルクスの唯物主義

カール・マルクスは、第一の意味――機械論的意味――における唯物主義者ではありませんでした。ところが、当時、生理学的な考え方が流行していたのです。マルクスに影響を与えたものが何であるのか。これを正確に知ることは簡単ではありません。というのも、彼は個人的な憎しみや妬みを抱いていたからです。カール・マルクスは、生理学的唯物主義の代表者であるフォークトを嫌悪していました。フォークトのような唯物主義者が政治を語り始めるや否や、カール・マルクスは、彼らは間違っていると言ったのです。つまり、マルクスは彼らが好きではなかったのです。マルクスは、自らの考えは新しい体系であると主張しました。彼の歴史の唯物的解釈によれば、「物質的生産力」（これはドイツ語の正確な翻訳です）が、すべての基盤です。物質的生産力のそれぞれの段階には、それに対応する生産関係が存在しています。物質的生産力が、生産関係、すなわち世界に存在する所有権や財産の類型を決定するのです。そして、生産関係が上部構造を決定します。マルクスに従うなら、資本主義や封建主義は生産関係です。当然ですが、このどちらも、ある段階の物質的生産力によって作られます。一八五九年にカール・マルクスが述べるには、新しい段階の物質的生産力が社会主義を作り上げるのです。

しかし、この物質的生産力とは何なのでしょうか。マルクスは、「階級」とは何かを一度も説明していません。同様に、「物質的生産力」とは何かを、きちんと説明したこともないのです。マルクスの著作に目を通すと、どうやら物質的生産力というのは道具や機械なのだということに思い至ります。彼の著作の一つ『哲学の貧困』（一八四七年にフランス語で執筆されました）の中で、マルクスは「手挽臼が封建主義を生み出し、蒸気挽臼が資本主義を生み出す[※2]」と述べていますし、別の著作には、社会主義を生み出す別の機械が生じるとあります。

マルクスが見逃したもの

マルクスは、進歩の要因を地理に求めないよう努めました。なぜかというと、それはすでに信用を失っていたから

訳注7　バートランド・ラッセルは、イギリスの哲学者、数学者。第二次大戦後、アインシュタインと共に核廃絶運動に身を投じた。

※2　"Le moulia à bras vousdonnera la société avec le souzerain; le moulin à vapeur, la société avec le capitalisteindustriel." Karl Maex, *Misère de la philosophie* (Paris and Brussels, 1847), p. 100.

です。彼が述べたのは、「道具」は進歩の基盤であるということでした。マルクスとフリードリッヒ・エンゲルス（一八二〇－一八九五）は、新しい機械が開発され、それによって社会主義へと導かれると信じていました。彼らは、新しい機械であれば何でも喜ばしく思っていましたが、その理由は、それらが社会主義の兆候だと考えられたからなのです。一八四七年のフランス語の書籍で、マルクスは分業が重要だと考える人々を批判し、道具に価値があると述べています。

道具が天から降ってくるわけではない。このことを忘れてはなりません。道具は創意工夫や発想の産物なのです。発想を説明するために、マルクスは、道具や機械――物質的生産力――は、人間の脳の中にそれそのものを映し出し、そして、このようにして発想が生じると説明しました。しかし、道具や機械はそれ自体が発想の産物です。同様に、機械が存在し得るより前に、分業が存在しなければなりません。そして、分業が存在し得るより前に、特定の考え方が発達しなければならないのです。これら発想の根源を、社会の中でのみ存在し得るものによって説明することなどできないのです。というのも、社会それ自体が発想の産物であるからです。

「物質的」という言葉に、人々は惑わされたのです。思想や思考の変化、そして思想から生じる物事すべての変化を説明するために、マルクスはそれら変化の原因として、技術知識の変化だけを考えたのです。このように考えたのは、彼が最初ではありません。たとえば、ヘルマン・ルートヴィヒ・フェルデナント・フォン・ヘルムホルツ（一八二一－一八九四）やレオポルト・フォン・ランケ（一七九五－一八八六）などは、歴史を技術史として解釈していたのです。

歴史の課題とは、ある特定の発明が、その創出に必要な物理学的知識のすべてを持っていた人々によって、なぜ具体化されなかったのかを説明することにあります。たとえば、古代ギリシャ人は、技術的な知識を持っていましたが、なぜ鉄道を開発しなかったのでしょうか。[8]

思想の二つの起源

ある理論が広まるとすぐに、大衆が理解しやすいように単純化されてしまいます。マルクスによると、万事は経済条件に依存するのです。一八四七年のフランス語の書籍『哲学の貧困』では、工場や道具は勝手に発展していくことが示唆されています。マルクスによれば、人類史の全運動は、物質的生産力、すなわち道具の発展の当然の帰結として現れます。この道具の発展と共に、社会構造が変化し、結果として、それ以外のすべても変化します。それ以外のすべてとは上部構造です。マルクス以後のマルクス主義的著述家たちは、上部構造の何であれ、生産関係の明らかな変化に起因すると説明します。それから、彼らは、生産関係の何であれ、道具や機械の変化に起因すると言うのです。これは、マルクス理論の通俗化、単純化であり、マルクスとエンゲルスにすべての責任があるわけではありません。彼らは数多くの馬鹿げた思想を創り出しましたが、今日の馬鹿げた思想の全部に責任があるわけではないのです。

マルクス理論は、思想に対してどのような影響を与えているのでしょうか。

一七世紀前半の哲学者ルネ・デカルト（一五九六－一六五〇）[9]は、人間は精神を持ち思考するが、動物は単なる機械だと信じていました。もちろんマルクスは次のように述べました。「デカルトが動物は機械だと述べたのは、彼が生きていたのが、そうすることで自らの理論を説明せざるを得ないような道具や機械がある『マニュファクチュア時代』だったからだ」と。スイスのアルブレヒト・フォン・ハラー（一七〇八－一七七七）[10]は、一八世紀にデカルトと

訳注8　たとえば古代ギリシャ人であるヘロンは、『気体装置』においてアイオロスの球と呼ばれる蒸気機関やポンプ消火器、自動ドア、風車オルガンなど様々な装置について説明しており、また、別の著作では、車輪、歯車、ネジ、滑車などの機械の使い方や応用についても論じている。
訳注9　ルネ・デカルトは、フランスの哲学者、数学者である。主著は『方法序説』（一六三七）、『哲学原理』（一六四四）など。
訳注10　アルブレヒト・フォン・ハラーは、スイスの生理学者である。主著は『人体生理学原論』（一七五七－六六）。

同じことを言いました（彼は、自由主義政府が掲げる法の下の平等が好きではありませんでした）。この二人の間に、ラ・メトリーが生きていましたが、彼は人間を機械だと説明したのです。ですから、思想を特定の時代の道具や機械の結果とするマルクスの考えは、簡単に論駁されるのです。

経験主義哲学者として有名なジョン・ロック（一六三二―一七〇四）[11]は、人間精神にあるすべてのものは感覚的な経験から生じると断言しました。マルクスが言うには、ロックはブルジョア階級の階級理論の代弁者だったのです。

以上のことを踏まえると、カール・マルクスの著作から、二つの異なる推論が生じるのです。（1）デカルトに対するマルクスの解釈によると、機械が導入された時代にデカルトは生きていたので、デカルトは動物を機械として説明したのです。対して、（2）ジョン・ロックに対するマルクスの解釈によると、ロックの思想は彼がブルジョア階級の利益の代表者であったという事実から生まれたのです。思想の起源に関するこの二つの説明は、相容れません。この二つの説明のうち第一のものは、思想は道具や機械といった物質的生産力に基礎づけられるという説明であり、階級利益が思想を決定するという第二の説明と整合的でないのです。

階級利益と思考

マルクスに従うなら、人は誰でも――物質的生産力によって――最終的にその人の属する階級利益を表すように思考させられます。「利益」が意図するように、属する階級「利益」に従って、人間は思考するのです。「利益」とは、人間の精神や思想から独立した何かであり、思想とは関係のない世界に存在しています。従って、思想から生み出されたものは、真理ではないのです。カール・マルクスが現れるまで、歴史上どの時代においても、真理の概念には何の意味もありませんでした。過去、人々の思考が作り上げたものは、常に「イデオロギー」であって真理ではないのです。

フランス語の「イデオローグ（ideologue）」は、ナポレオン（一七六九―一八二一）によって広められました[12]。彼に言わせれば、このイデオローグのせいでフランスは失敗したのです。一八一二年、ナポレオンは敗北しました。彼はロシアで撤退する軍から離れ、身分を隠して単身帰国し、一八一二年一二月末にパリに現れました。彼は、国家に起こった災害の責任を、国家に影響を与える悪い「イデオロギー」に押し付けたのです。

マルクスは別の意味でイデオロギーを用います。マルクスによれば、イデオロギーとは階級を構成する人々によって考え出された理論なのです。この理論は必ずしも真理になるわけではなく、単に当該階級の利益の表れにすぎません。もちろん、いつの日か階級のない社会が現れます。一つの階級――プロレタリア階級――が階級のない社会へと続く道を用意するのです。現代における真理は、プロレタリアの思想です。プロレタリアはあらゆる階級を廃止し、階級のない社会、黄金期が到来するのです。

マルクスは、ヨセフ・ディーツゲン（一八二八―一八八八）[13]をプロレタリアと呼びました。しかし、もしマルクスが彼のことを良く知っていたとすれば、おそらくプチブルと呼んだはずです。表向きには、マルクスはディーツゲンの思想を完全に受け入れました。しかし、フェルディナント・ラッサール（一八二五―一八六四）との書簡には、いくつかの意見の相違が述べられています。普遍的論理などなく、どの階級にも、その階級独自の論理が存在します。なるほど、しかし、プロレタリア階級の論理は、もうすでに未来に関する間違いのない論理なのです（各々の人種ごとに異なる論理を持つが、アーリア人種の論理だけが間違いのない論理であると主張する、同じような思想を人種差

訳注11　ジョン・ロックは、イギリスの哲学者である。『人間悟性論』（一六八九）で経験論哲学を確立した。
訳注12　ナポレオンは、彼の政策に反対していたデスチュット・ド・トラシー（一七五四―一八三六）たち観念学派を、軽蔑の意味を込めて「イデオローグ」と呼んでいた。
訳注13　ヨセフ・ディーツゲンは、ドイツの社会主義哲学者。皮革業を営んでいた。

別主義者が引き継いだとき、社会主義者たちはひどく立腹したのです）。

カール・マンハイム（一八九三－一九四七）の知識社会学は、マルクスの思想から生まれました[14]。人は誰であれ、イデオロギー――すなわち誤った教説――の中で思考します。ですが、特別な大権を享受する一つの階級が存在するのです。マンハイムは、彼らのことを「無所属の知識人」と呼びます。この「無所属の知識人」が、イデオロギーではない真理を発見する特権を持つのです。

この「利益」という考え方は、大きな影響力を持っています。この理論によれば、第一に、人間は自らが利益と考えるものに従って行為したり思考したりするわけではありませんし、第二に、「利益」は人間の思考や思想と関係がないと見なされるのです。この二つのことを心にとどめておいてください。この他から影響を受けない利益が、ある一定の方法で人間を考えさせたり行動させたりするのです。今日この思想が私たちの考え方にいかに影響を与えているかの例として、アメリカのある上院議員――民主党議員ではありませんが――について言及しても良いでしょう。彼は、人々は自らの「利益」に従って投票すると言い、自らが「利益」と考えるものに従うとは言わなかったのです。これはマルクスの思想です。――マルクスは「利益」とは疑う余地のないものであり、個人の思想とは無関係だと仮定したのです。この階級理論の思想は、『共産党宣言』の中でカール・マルクスによって、初めて作られたのです。

マルクス主義の矛盾①：ブルジョアからプロレタリア理論が生み出された

エンゲルスとマルクスのどちらも、プロレタリア階級ではありませんでした。エンゲルスはとても裕福で、赤いコートに身を包み、狐を探し回りました。これは、金持ちの娯楽です。彼には恋人がいましたが、あまりにも彼女の地位が低すぎるので、結婚できないと考えていました。恋人は亡くなり、その妹が恋人になりました。彼は、最終的にその女性と結婚しましたが、それはまさに彼女が死に瀕しているとき、亡くなる二日前のことだったのです。

カール・マルクス自身が、多額のお金を稼いだことは一度もありません。彼は『ニューヨーク・トリビューン』の定期寄稿者として、わずかばかりの報酬を得ていましたが、総じて友人のエンゲルスに養われていました。マルクスはプロレタリアではなく、裕福な弁護士の息子でした。妻のカール・マルクス夫人（イェニー・フォン・ヴェストファーレン、一八一四－一八八一）は、高貴なるプロイセン貴族（ユンカー）の娘です。その上、マルクスの義理の兄は、プロイセン警察の長でした[15]。

従って、プロレタリア精神はブルジョア精神と異なると主張したこの二人の男たち、マルクスとエンゲルスは具合の悪い地位にいたのです。だから、彼らは「時が来れば、ブルジョア階級の一部の構成員は、勢いのある階級に加わる」という一節を『共産党宣言』に書き加えたのです。しかしながら、一部の者たちが階級利益の法則から自分たち自身を自由にすることができるのなら、その法則はもはや一般法則とは言えないでしょう。

マルクスの考えでは、物質的生産力は人々をある段階から別の段階へと至らしめ、最終的に社会主義へと導きますが、そこが最終地点であり最高度に発達した状態なのです。そして、社会主義は前もって計画できないのであり、歴史がその責を負うのです。マルクスからすると、社会主義がどのように機能するかを述べる人々は「夢想家」にすぎません。

マルクスの執筆していた当時から、社会主義は知的に敗北していました。マルクスは、批判者に対して、「お前らは、『ブルジョア』にすぎないのだ」と返答していたのです。彼が言うには、敵対する人たちの議論を打ち負かす必

訳注14　カール・マンハイムは、ハンガリーの社会学者。原文では、「知識社会学は、ヒトラーの思想から生まれた」となっているが、ヒトラーをマルクスに修正した。マンハイムが提唱した知識社会学は、マルクスのイデオロギー論を発展させたものであることは有名である。

訳注15　マルクスの妻イェニーの異母兄フェルディナンド・ヴェストファーレン（一七九九－一八七六）は、プロイセンの内務大臣を務めた。

要などなく、彼らのブルジョアとしての経歴をただ暴露すれば良いのです。つまり、批判者の理論はブルジョアのイデオロギーにすぎないので、議論する必要などなかったのです。これが意味するのは、社会主義を支持するブルジョアなど存在しないということでしょう。だから、社会主義を支持する著述家の誰もが、自分はプロレタリアであると証明しようとしたのです。この講義では、フランス社会主義の祖サン＝シモン[16]は高名な公爵家や伯爵家の末裔である、と指摘するにとどめておきましょう。

真理ではなく、現実世界の目的を追求するから新しい考え方が生じる、これはどう考えても事実ではないのです。

マルクス主義の矛盾②：思想（ヘーゲル哲学）から唯物主義が生み出された

マルクスが著作を発表した当時、ドイツの思想は、ベルリン大学教授のゲオルク・ヴィルヘルム・フリードリヒ・ヘーゲル（一七七〇－一八三一）[17]に支配されていました。ヘーゲルは、歴史の哲学的発展理論を作り上げていたのです。ある点において、彼の思想は、マルクスのそれとは異なっていましたし、それどころか正反対のものでした。ヘーゲルは、ドイツの思想や哲学を、その後少なくとも一世紀以上もの間、破壊した人物でした。彼は、カントの警告を発見していました。カントは、歴史哲学を記すことができるのは神の目から世界を理解したと偽る勇気を持つ人間だけであると述べていたのです。ヘーゲルは、自らは「神の目」を持ち、歴史の終わりや神の計画を理解していると信じていました。彼が言うには、精神（Geist）はそれ自らを発展させるのであり、歴史の発展過程においてそれ自らを表すのです。従って、歴史というのは、不十分な状態から十分な状態へと必ず進化していくのです。

一八二五年、ヘーゲルは、我々はとても素晴らしい状態に達したと述べました。彼の考えでは、フリードリヒ・ヴィルヘルム三世（一七七〇－一八四〇）のプロイセン王国とプロイセン合同教会は世俗的、霊的統治機関の最終地点なのです。ヘーゲルと同様に、マルクスは、歴史は過去に存在するが、我々が満たされた状態に達するならば、もはや歴史は存在しないと述べました。従って、マルクスは、精神（Geist）の代わりに物質的生産力を用いていますが、ヘーゲル体系を採用したのです。物質的生産力は様々な段階を経過します。現在の段階はとても悪いものです。しかし、良いことが一つあります。つまり、現在の状態は、完全な状態である社会主義の出現のために不可欠な準備段階なのであり、社会主義はすぐそこまで迫っているのです。

右派にも左派にも自由はない

ヘーゲルは、プロイセン絶対主義哲学者と呼ばれています。一八三一年に彼は亡くなり、彼の学派は左派的観点および右派的観点から思考しました（左派は、プロイセン政府とプロイセン合同教会が嫌いでした）。この左派と右派の区別は、それ以来、存在し続けています。フランス議会では、王政府が嫌いな人々は議会の左側に着席していました。今日では、右側に座りたい人は誰もいないでしょう。

本来は、つまりカール・マルクス以前、「右派」という用語は、代議制や自由の支持者を意味しており、専制君主制を支持し公民権を与えまいとする「左派」とは対立するものでした[18]。社会主義思想の出現によって、これらの用

訳注16　クロード＝アンリ・ド・ルヴロワ・サン＝シモン伯爵（一七六〇—一八二五）は、シャルルマーニュ大帝に繋がるといわれる名家に生まれたフランスの社会主義者である。
訳注17　ゲオルク・ヴィルヘルム・フリードリヒ・ヘーゲルは、ドイツの哲学者で、ドイツ観念論の完成者と言われる。主著に、『精神現象学』（一八〇七）、『法哲学』（一八二一）、弟子たちがヘーゲルの死後に彼の講義を編集した『歴史哲学講義』（一八三八）がある。
訳注18　右派と左派の区別は、フランス革命に由来する。ここでミーゼスは、右派として立憲君主派のフイヤン派、左派として独裁や恐怖政治で有名なロベスピエール率いるジャコバン派のこと述べている。

語の意味は変化させられたのです。「左派」の一部は、遠慮なく自らの見解を表明してきました。たとえば、プラトン（紀元前四二七－三四七）[19]は、哲学者が支配しなければならないと率直に語っていました。オーギュスト・コント（一七九八－一八五七）[20]が言うには、過去において彼自らの書物を出版するのに自由が必要だったのですが、今やこの書物は出版されており、もはや自由は必要ないのです。さらに同じように、エティエンヌ・カベー（一七八八－一八五六）[21]は、書物には三つの種類――燃やされるべき悪い書物、修正されるべき中間の書物、そして残りの「良い」書物――があると言っていました。ですから、社会主義国家の住人に割り当てられる自由について、とても大きな混乱が生じているのです。これは、マルクス主義思想が、人々に自由のある国々ではなく、自由のない国々で発達したためなのです。

共産主義国家で暮らしていた共産主義的著述家のニコライ・ブハーリン（一八八八－一九三八）[22]は、一九一七年にあるパンフレットを記しました※3。そこには次のようにあります。「かつて我々は、出版の自由、思想の自由、そして市民的自由を求めたが、それは我々が野党の立場に甘んじていたからであり、勝利するためにこれらの自由が必要だったからである。そして今や、我々は勝利したために、もはやいかなる自由も必要ないのだ」と（ブハーリンは、一九三八年三月のモスクワ裁判で、審議され、死刑宣告されました）。もしブハーリンがアメリカ人共産主義者であったなら、彼はおそらくまだ生きていたことでしょうし、なぜ自由が不要であるかについてより多くのパンフレットを自由に書いていたことでしょう。

マルクス主義哲学のこの異様さの原因は何でしょうか。それは、マルクスがイギリスに住んでいながらも、彼が議論していたのは、彼がもはや自由は必要ないと考えたイギリスの状況ではなく、まだ自由が必要だと考えたドイツ、フランス、イタリア等々の状況であったという事実によってはじめて説明できるのです。だから、フランス革命の時代には意味のあった右派と左派の区別は、もはや全く意味をなさないと分かるのです。

訳注19　プラトンは、古代ギリシャの哲学者で、ソクラテスの弟子。主著『国家』にて、哲人王思想を説いた。
訳注20　オーギュスト・コントは、フランスの哲学者、社会学者。彼は、『実証哲学講義』（一八三〇―一八四二）において実証主義を確立した。
訳注21　エティエンヌ・カベーは、フランスの共産主義者。主著『イカリア紀行』（一八四〇）にて、架空の理想的共産主義社会を描いた。
訳注22　ニコライ・ブハーリンは、ロシア革命の功労者の一人であり、理論家としても有名。レーニンの死後、スターリンと協力体制を築いたが長くは続かず、裁判の後に銃殺された。
※３　"The Russian Revolution and Its Significance." *The Class Struggle*. Vol. Ⅰ, No.1, May-June, 1917.

第2講義

階級闘争と革命社会主義

2nd LECTURE

Class Conflict and Revolutionary Socialism

マルクスは、「利益」というのは人間の思想や思考から影響を受けないものだと仮定したうえで、社会主義はプロレタリア階級にとって理想的な制度だと主張します。彼が言うには、個人の思考は階級の利益に支配され、この状況が異なる階級間に和解できない闘争を引き起こすのです。それから、マルクスは、最初に言ったこと、つまり、社会主義は理想的な状態だと、また繰り返すのです。

階級とは何か

『共産党宣言』（一八四八）の基礎となる考え方に、「階級（class）」と「階級闘争（class conflict）」があります。しかし、マルクスは「階級」が何であるのかを説明していません。『共産党宣言』出版の三五年後、一八八三年にマルクスは亡くなりました。この三五年の間に、マルクスは数多くの書籍を出版しました。しかし、それらの中のどれ一つとして「階級」の意味を説明してくれるものはないのです。マルクスの死後、フリードリヒ・エンゲルスによって、『資本論』第三巻の未完成草稿が出版されました。エンゲルスが言うには、この草稿はマルクスが亡くなる何年も前に執筆が中断されたものであり、彼の死後、彼の机の中から発見されたのです。第三巻のある章は三頁しかありませんが、そこでマルクスは「階級」でないものを教えてくれます[1]。「階級」が何であるかを知るために、彼の著作を徹底的に探してみても良いでしょう。恐らく何も見つかりません。実際のところ、「階級」などこの世に存在しないのです。私たちの思考――私たちがカテゴリーごとに整理すること――が、心の中に階級を作り上げるのです[2]。問題は、カール・マルクスの心の中に、社会階級が存在するかどうかにあるのではありません。問題は、カール・マルクスがするように、社会階級の概念を用いられるかどうかにあるのです。しかし、それは不可能でしょう。マルクスは理解していませんでしたが、個人や階級の「利益」に関する問題は、そのような利益が存在し、人はそれに従って行為しなければならないという事実に言及するだけでは解決し得ないのです。次の二つの質問を投げかける必要があるでしょう。（1）これら「利益」は、人々を最終的にいかなる結末に導くのでしょうか。（2）この結末を達成するために、人々はいかなる方法を用いようとするのでしょうか。

階級思想の矛盾

第一インターナショナルは、小さな集団、ロンドンの少人数委員会であり、カール・マルクスの支持者や敵対者たちから構成されました[3]。誰かが、イギリスの労働組合運動に協力してはどうかと提案しました。一八六五年、第一インターナショナルの総会で、マルクスは『賃金・価格および利潤』の原稿を読み上げました。これは最初から英語で書かれた彼の数少ない著作の一つです。それによると、組合運動のやり方はとても悪いので変更されなければならないのです。つまりこういうことです。「組合は、資本主義制度の枠組みの中で、労働者の悲運を改善しようとしている。しかし、これは成功の見込みがなく無駄である。資本主義制度の枠組みの中では、労働者の状態が改善する見込みはない。組合がこの方法で成し遂げられるのは、良くてもわずかばかりの短期的な成功だ。組合は、この『保守的

訳注1　おそらく『資本論』第三巻第五二章のことであろう。訳者がいくつかのドイツ語、英語の『資本論』を確認した限り、この章は三頁ではなく二頁であった。

訳注2　*Theory and History*（1957）において、ミーゼスは、身分社会（status society）における階級（caste: カースト）と資本主義社会における階級（class: クラス）の違いを強調する。ミーゼスによると、階級（caste）は廃されるべきであるが、階級（class）は許容されるべきである。というのも、階級（caste）は身分社会における固定的な区別であり、生まれや血統によって決定されるからであり、対して、資本主義社会における階級（class）は、日々に繰り返される消費者の購買によって変動する区別にすぎず、そこでは誰もが法の下に平等であるからだ。

訳注3　第一インターナショナル、正式名称は国際労働者協会（International Workingmen's Association）といい、一八六四年にロンドンで結成された史上初めての社会主義者たちによる国際組織である。

な』方針を破棄し、革命を採用しなければならない。彼らは賃金社会の廃止そのもののために戦い、社会主義到来に向けて努力しなければならない」。生前のマルクスは、この著作を出版する勇気がありませんでした。彼の死後、娘の一人によって出版されたのです。彼は労働組合を敵にしたくなかったのであり、組合が自らの理論を捨て去るかもしれないという希望を持ち続けていたのです。

このように、プロレタリア同士であっても、用いるべき正しい手段について明らかな意見の衝突があるのです。労働組合とマルクスは、プロレタリアの「利益」について意見が合いませんでした。マルクスが言うには、階級の「利益」は自明のことであり、それについて疑いなどあるわけがなく、人は誰でもそれについて知っているのです。当時、プロレタリア階級に属してもいない男が現れ、著述家であり法律家である彼は、組合に「諸君らは間違っている」と、そして「これは悪い方針である」「諸君らは、方針を根本から変更すべきだ」と言ったのです。現在、階級思想そのもの、すなわち個人は間違えるかもしれないが、全体としての階級は決して間違えることがないという思想は、行き詰っているのです。

労働者階級の境遇は悪化したか

マルクス理論に対する批判は、いつも表面的なものにとどまりました。それら批判は、マルクスの矛盾がどこにあり、彼の思想説明のどこに失敗があるのかを指摘していなかったのです。ベーム＝バヴェルクの批判※1は優れていましたが、体系全体を扱っていませんでした。マルクスを酷評する人たちでさえ、カール・マルクスの最も明らかな矛盾を発見できなかったのです。

マルクスは「賃金鉄則（the iron law of wages）」を信じており、それを自らの経済理論の重要な基礎としました。

彼はこの法則のドイツ語が嫌いでした。というのも、フェルディナント・ラッサール（一八二五―一八六四）[4]が「賃金鉄則（the "brazen" law of wages）[5]」に関する論説を公表したからです。[6] カール・マルクスとフェルディナント・ラッサールは、友人ではありませんでした。むしろ競争相手であり、それも極めて手強い競争相手だったのです。マルクスが言うには、ラッサールの貢献は賃金鉄則（the "brazen" law of wages）という用語だけであり、おまけにその用語は辞書やゲーテ[7]から借用されたのです[※2]。

多くの教科書や政治家の心に、そして、その結果として多くの法律に、「賃金鉄則」はいまだ生き残っています。「賃金鉄則」によると、生命の維持や再生産に必要な、つまり労働者の子供たちが工場で働けるようになるまでの扶養に必要な、食糧とその他必需品の総量に従って、賃金率が決定されます。もし賃金率がこれを超えるならば、労働者の数は増加し、それによって賃金率はもとの水準に引き戻されます。賃金がこの水準より下がることはありません。というのも、その場合は労働の不足が生じるからです。この法則において、労働者は自由選択や自由意思のないある種の微生物やモルモットのように見なされているのです。

※1　"The Unresolved Contradiction in the Economic Marxian System" in *Shorter Classics of Eugen von Böhm-Bawerk*,（South Holland, Ⅲ : Libertarian press. 1962[1896: Eng. Trans. 1898]）, pp. 201-302.

訳注4　フェルディナント・ラッサールは、マルクスより七歳年下のドイツの社会主義者でドイツ労働運動の先駆者。一八六三年、全ドイツ労働者協会の会長となる。一八六四年、女性問題から決闘を行い死亡した。

訳注5　賃金鉄則はドイツ語で das eherne Lohngesetz であり、英訳には the iron law of wages と the brazen law of wages が存在する。ドイツ語の ehern は、「青銅の」という意味であり、英語の the brazen law of wages の方がよりドイツ語の意味に近い。

訳注6　この論説とは、一八六三年に公表したライプツィヒ全労働者会議結成準備委員会宛の『公開答状』のことである。

訳注7　ゲーテの詩編「神性（Das Göttliche）」のこと。この詩編の一節に、「永遠のあらがねの大いなる法則にしたがい、…」（『ゲーテ詩集第四』竹山道雄訳、岩波書店、一九五七年、四七頁）とある。

※2　マルクスは、アルバイターシュタント（労働者階級）という用語の使用についてもラッサールを批判した。マルクスは、ラッサールは混乱していると述べたが、ラッサールがどのように混乱しているかは述べていない。

資本主義制度において、賃金はこの水準から絶対に逸脱しないと考えるなら、マルクスのように、労働者の漸進的な貧困は避けられないと主張することなどできないはずです。賃金鉄則というマルクス主義思想、賃金は労働者の子供たちが働けるようになるまでの扶養に必要な水準にとどまるという思想と、彼の歴史哲学、労働者は反乱せざるを得なくなるまで（社会主義が生じるまで）、ますます困窮化するという主張との間には、解決できない矛盾があるのです。もちろん、どちらの理論も擁護できません。五〇年前でさえ、主要な社会主義的著述家たちは、自らの理論を支えるのに、周到に作り上げた別の論理に頼らざるを得ませんでした。驚くべきことに、マルクスの著作以来一世紀もの間、誰もこの矛盾を指摘してこなかったのです。その上、マルクスの矛盾はこれだけではありませんでした。

実際のところ、マルクスを打ち砕いたのは、労働者は徐々に困窮していくという彼自身の考えでした。マルクスは理解していませんでしたが、資本主義の最も重要な性質は大衆のニーズに応えるための大規模生産にあり、資本家の主目的は幅広い大衆に向けた生産にあるのです。資本主義下では、消費者はいつも正しいのです。賃金労働者という立場では、労働者は何が生産されるべきかを決定できません。しかし、顧客という立場では労働者がボスであり、労働者は自らのボス、すなわち企業家に何をすべきかを命じることができるのです。労働者は消費者でありますから、労働者のボスは労働者の指示に従わなくてはなりません。ウェッブ夫人は、他の社会主義者と同様に、裕福な事業家の娘でした※3。そして、他の社会主義者と同様に、彼女は父親のことを皆に命令する独裁者だと考えていました。彼女は、市場の中では、父親は顧客の命令に支配されているということを理解していませんでした。「偉大」なウェッブ夫人は、ボスから命令を受けるということだけしか知らないような、頭の悪い使い走りの少年よりも賢くなかったのです。

人類の目指す目標が何であるのか、そして、この目標を達成するための最良の方法について、マルクスは何の疑問もありませんでした。本当に多くの書物を読み、執筆する時だけ読書を中断するような人物が、自らの考えの矛盾を分かっていなかったのです。これは一体どういうことなのでしょうか。

　この問題に答えるには、その時代の思想に立ち戻らなくてはなりません。当時は、チャールズ・ダーウィンの『種の起源』（一八五九）の時代でした。当時の知的流行というのは、本能を基礎に行動する、哺乳類という動物学的分類の一員としての立場から、ただ人間を観察することだったのです。マルクスは、極めて原始的な人間の水準を超える人類の進化を考慮に入れていなかったのです。彼は熟練を要しない労働を標準的な基準と見なし、熟練労働を例外としました。マルクスの著作の一つには、機械の進歩によって専門家は消滅するとあります。というのも、誰でも機械を運用できるようになり、機械の運用にいかなる特殊技能も必要なくなるからです。だから、将来の人間の標準的なあり方は、非専門家なのです。

科学的社会主義と空想的社会主義

　自らの思想の多くに関して、マルクスはずっと初期の時代に属していましたが、それは特に歴史哲学の構築に関して顕著でした。マルクスは、ヘーゲルの唱えた精神（Geist）の発展を、物質的生産要素の発展に置き換えたのです。彼が理解していなかったのは、実際のところ、物質的生産要素、道具や機械は、人間精神によって生み出されるということです。彼によると、この道具や機械など物質的生産要素によって、必ず社会主義がもたらされるのです。この理論は、「弁証法的唯物主義（dialectical materialism）」、略して「ダイアメット（diamet）」と呼ばれてきました。

※3　ビアトリス・ウェッブ（一八五八－一九四三）は、シドニー・ウェッブ（一八五九－一九四七）の妻。後に、彼らはパスフィールド卿夫妻となる。フェビアン協会会員である。

余談として、ミーゼス博士は、メキシコで「エスクエラ・ソーシャリスタ」つまり「社会主義学校」に訪問したときのことを語った。ミーゼスは、その学校のメキシコ人学部長に「社会主義学校」の意味を尋ねた。学部長の返答は、メキシコの法律では、学校はダーウィンの進化論と弁証法的唯物主義を教えなければならない、というものだった。それから、彼はこのことを要求する法律の規定と学校制度そのものについてとやかく述べた。「法律の条文とその実施との間には大きな違いがあるのです。私たちの学校の教師の90%は女性で、彼女たちの大部分はカトリック教徒なのです」と。

マルクスは、テーゼ（命題）から、テーゼの否定、そして、否定の否定へと推論します。個々の労働者による生産手段の私的所有が始まりであった。これがテーゼです。これは、どの労働者も、自ら道具を所有し、それを用いて働く独立農家や独立職人だった頃の社会状態のことです。テーゼの否定――資本主義下での所有――道具は労働者ではなく資本家に所有されます。否定の否定は、社会全体による生産手段の所有です。このように推論することで、マルクスは「歴史進化の法則を発見した」と主張し、それを「科学的社会主義」と呼んだのです。

マルクスは、かつての社会主義者たち全員に「空想的社会主義者」というレッテルを貼りました。というのも、彼らは、社会主義がどんなに素晴らしいかを示そうとしたからです。彼らは、同胞市民たちに自分たちのビジョンを納得させたかったのです。なぜなら、彼らは、社会主義の素晴らしさが分かったのなら人々は社会主義を採用するかもしれない、と期待したからです。マルクスが主張するには、未来におけるこの世の楽園を説明しようとしたので、彼らは「夢想家」なのです。マルクスが「夢想家」と見なした先駆者には、フランス貴族であるサン＝シモン、イギリスの工場主であるロバート・オーウェン（一七五七－一八五八）、誰が見ても変人のフランス人、シャルル・フーリエ（一七七二－一八三七）がいます。[8]（フーリエは「パレ・ロワイヤルの狂人」と呼ばれていました。彼は「社会主義の時代では、海はもはや塩水ではなくレモネードになる[9]」と言っていました）。マルクスは、この三人を偉大な先駆者と考えていました。しかし、マルクスによれば、彼らは自らが述べていることがまさに「夢物語」にすぎないということを理解していないのです。彼らは、民衆の意見が変わることで社会主義が到来する、と期待しました。しかし、マルクスにとって、社会主義の到来は不可避であり、それは自然法則に従いやって来るのです。

科学的社会主義の矛盾

カール・マルクスは、一方で社会主義の必然性について著述し、他方で社会主義運動や社会主義政党を組織しました。そして、社会主義とは革命であり、社会主義を成すには暴力による政府の転覆が不可欠であると何度も力説したのです。

マルクスは、婦人科医学の領域から隠喩技法を取り入れました。マルクスが言うには、社会主義政党は産科と同じ

訳注8　ロバート・オーウェン、シャルル・フーリエは、『共産党宣言』においてサン＝シモンと共に、空想的社会主義者と呼ばれている。オーウェンは、イギリスの事業家、社会運動家であり、綿業王とも言われるほど、事業で成功を収めた。オーウェンは、労働者用住居を整備したり、工場内に小売店や幼稚園などを設置したりした。また、彼はアメリカのニューインディアナ州で、財産共有を基礎とする労働共同村「ニューハーモニー」を建設した。フーリエは、裕福な豪商のもとに生まれたフランスの思想家であり、情念引力の理論やファランジュと呼ばれる農業アソシオンを提唱した。ファランジュは、フーリエの信奉者たちによって実際にフランスをはじめヨーロッパ各地に建設されたが、最も多かったのは北米で三〇以上も建設された。オーエンの労働共同村、フーリエのファランジュの多くが失敗に至ったものの、実際に建設され実験されているところを踏まえると、マルクスの言うようにまったくの空想ではなかったとも言える。

訳注9　フーリエによれば、調和世界では、惑星の発情が固定化した「北極冠」の影響により、アラスカやシベリアの大地は温暖化し耕作地となる。また、「北極冠」は、海水にも作用し、北極クエン酸が拡散することで、海水はレモネードのような酸っぱい味となり、必要な飲用水を船に補給しなくてもすむようになる。そして、この海水の変化によって、新しい水陸両棲生物が生じ、船舶を先導し漁業を助けるという。（フーリエ『四運動の理論』巖谷國士訳、二〇〇二年を参照）

ものでそれによって社会主義の到来が可能となるのです。マルクス主義者に「絶対にそうなるのなら、革命ではなく発展を支持すれば良いではないか」と問えば、彼らは「人生に発展などない。出産自体が革命ではないか」と答えるのです。

マルクスによれば、社会主義政党の目的は、必ずそうなるという運命に影響を与えることではなく、それを手助けするにすぎないのです。しかし、産科そのものは、状態に影響を与え、変化させます。実際のところ、産科学はこの医学領域に発展をもたらしてきましたし、それどころか命を救ってきたのです。命を救うことで、事実、産科学は歴史の歩みを変化させてきたのです。

一九世紀、「科学的」という言葉は名声を獲得しました。エンゲルスの『反デューリング論』（一八七八）は、哲学的マルクス主義者たちの著作の中で最も成功したものの一つです。この著作の中のある章が、『空想から科学へ――社会主義の発展』というタイトルで、パンフレットとして再版され、異常な成功を収めました。ソヴィエトの共産主義者であるカール・ラデック（一八八五－一九三九）は、後に『社会主義の発展――科学から行動へ』というパンフレットを書きました。

マルクスのイデオロギー論は、ブルジョア階級の著作を貶めるために、でっち上げられたものでした。チェコスロバキアのトマーシュ・マサリク（一八五〇－一九三七）[10]は、農家や労働者といった貧困層の出身です。そして、彼はマルクス主義について著述しました。しかし、マルクス主義者は、彼のことをブルジョアと呼びます。もしマルクスやエンゲルスが自らを「プロレタリア」と呼ぶならば、彼を「ブルジョア」と見なすことなど絶対にできないでしょう。

異議を唱えれば「社会的反逆者」

もしプロレタリアたちが、自らの階級の「利益」に従って、思考しなければならないとするなら、彼らの間に意見の相違や衝突があった場合、それは何を意味するのでしょうか。その混乱によって、説明しがたい状況が生じてしまいます。プロレタリア同士の意見が違う場合、彼らは異議を唱える者を「社会的反逆者」と呼ぶのです。マルクスやエンゲルスの後に、共産主義の英雄となったのは、ドイツのカール・カウツキー（一八五四—一九三八）[11]でした。一九一七年、レーニンが全世界を大改革しようと試みたとき、カール・カウツキーはその考えに反対しました。そして、この意見の相違のために、かつての党の英雄は、突如として「社会的反逆者」となりました。他の多くの著名人だけでなく、彼もそう呼ばれてしまったのです。

この考え方は、人種差別主義者のそれに似ています。ドイツの人種差別主義者が断言するには、ある限られた政治的見解がドイツ的なのであり、だから真のドイツ人であれば皆、この特殊な見解に沿って考えなければならないのです。これはナチスの思想です。ナチスによれば、最も良いのは戦争状態にあることでした。しかし、ドイツ人の一部、たとえば、カント、ゲーテ、そしてベートーヴェンは、独自の「非ドイツ的」思想を持っていたのです。もしすべてのドイツ人がある決まった方法で思考するわけではないとするなら、どの思想がドイツ的でどの思想が非ドイツ的かを、誰が決めるのでしょうか。「その人の気持ち」が究極的な基準となるしか、答えはありません。この見解が対立を

訳注10　トマーシュ・マサリクは、チェコスロバキア共和国の政治家、哲学者であり、同国の初代大統領を務めた。彼は、マルクス主義に批判的であった。

訳注11　カール・カウツキーは、ドイツを中心に活動したマルクス主義者。エンゲルスの死後、マルクスの遺稿を整理・編集する仕事を引き継いだ。ドイツ社会民主党を理論的、政治的に指導した。一九一八年にカウツキーは「プロレタリアートの独裁」でボリシェヴィキを批判したが、これに対してレーニンは、「プロレタリア革命と背教者カウツキー」を公表し、カウツキーを批判した。

もたらすのは確実であり、その対立は内戦や国際戦争さえ引き起こしかねないのです。

ロシアには二つの集団があり、そのどちらも自分たちのことをプロレタリアだと考えていました。ボリシェヴィキとメンシェヴィキです[12]。それらの間の不和を収める唯一の方法が武力を用いた弾圧でした。ボリシェヴィキが勝利し、その後、共産党ボリシェヴィキの内部、トロツキー[13]とスターリンの間で意見の相違が生じました。その衝突を解決するための唯一の方法がパージでした。トロツキーは国外追放を強いられました。彼は、メキシコまで追跡され、ツルハシで殴られ殺されました。スターリンは何も生み出しませんでした。彼は、一八四八年の介入主義的なマルクスではなく、一八五九年の革命的なマルクスに立ち戻ったのです。

残念なことに、パージは、人間が不完全であるという理由だけで生じるものではありません。パージは、マルクス主義的社会主義の哲学的基礎から導き出される必然的な結末なのです。もし他の問題を議論するのと同じ方法で、哲学に関する意見の相違を議論できないのであれば、別の解決方法を見つけなくてはなりません。それが暴力や権力を通じての解決です。これは、政治、経済問題、社会学、法律などに関する意見の相違だけではなく、自然科学の問題にも当てはまります。パスフィールド卿およびパスフィールド卿夫人である、ウェッブ夫妻は衝撃を受けました。というのも、ロシアの雑誌や論文は、マルクス主義――レーニン主義――スターリン主義の哲学的視点から自然科学の問題さえも取り扱っているということを耳にしたからです。たとえば、もし科学、遺伝学[14]に関して意見の相違があるとするなら、答えは「指導者」によって決められなければなりません。このことは、マルクス理論に従えば、誠実な人々の間には異議の可能性は考えられない、つまり、私と同じように考えるか、反逆者となり殺されなければならないかのどちらかであるという事実の必然的で避け難い帰結なのです。

マルクスも意見を変えている

一八四八年に『共産党宣言』が出版され、そこでマルクスは革命を説きました。当時、彼が信じていたことは、革命は間近に迫っており、社会主義は一連の介入主義的手段によって引き起こされるということでした。彼は一〇の介入主義的手段を一覧にしましたが、その中には累進的な所得税、相続権の廃止、農業改革等がありました。彼が言うには、これらの手段は不十分ではあるものの、社会主義到来のために必要なのです。

従って、カール・マルクスとエンゲルスは、一八四八年の段階では、社会主義は介入主義によって達成できると信じていたのです。『共産党宣言』の一一年後、一八五九年までに、マルクスとエンゲルスは、介入への支持を放棄してしまいました。もはや彼らは、立法上の修正により社会主義が到来するとは思っておらず、一夜のうちの急進的な変革によって、成し遂げられるべきだと考えたのです。この視点から、マルクスやエンゲルスの信奉者たちは、後の手段――ニューディール政策やフェアディール政策等々を「プチブル的」政策と考えました。一八四〇年代に、エンゲルスは、イギリス労働法は進歩の表れであり、資本主義衰退の兆候だと言っていました。後に、彼らは、その様な介

訳注12　ボリシェヴィキとメンシェヴィキは、それぞれ多数派と少数派を意味する。もともと同じロシア社会民主労働党であるが、一九〇三年に党内規約をめぐって対立、後に分裂した。実際のところ、ボリシェヴィキの方が党内の勢力において少数派であったが、人事において多数派であったため、この名称となった。

訳注13　レフ・トロツキー（一八七九－一九四〇）は、レーニンに次ぐボリシェヴィキの中心人物であった。レーニンの死後、スターリンとの権力闘争に敗れた。

訳注14　ここで遺伝学に触れられているのは、一九三〇年代にロシアで行われたルイセンコ論争を踏まえてのことと考えられる。トロフィム・ルイセンコ（一八九八－一九七六）は、マルクス主義の観点から、メンデルの遺伝学説をブルジョワ的と非難し、遺伝子の存在を否定した。遺伝は生物体の一般的な本性であるとするルイセンコの学説は、スターリンに支持され、ニコライ・ヴァヴィロフをはじめルイセンコに反対した多数の科学者たちが、逮捕、処刑された。

入主義的手段をとても悪いものだと考えたのです。

一八八八年——『共産党宣言』の出版から四〇年後——あるイギリス人作家によって、翻訳が作成されました。エンゲルスは、この翻訳にいくつか注釈を加えています。『宣言』で支持された一〇の介入主義的手段に関して、彼が言うには、『宣言』にもあるように、これらの手段は不十分であるだけでなく、まさに不十分であるために、必然的にこの種の措置へと向かってますます進んでいき、最終的にこれらのより進歩した手段が社会主義を引き起こすのです。

第3講義

3rd LECTURE

個人主義と産業革命

Individualism and the Industrial Revolution

自由主義者たちが主張するに、一人ひとりの人間は極めて大切です。一九世紀にはすでに、彼らは、個人の発展が最も重要であると考えていたのです。「個人と個人主義」は、進歩的で自由主義的なスローガンでした。しかし、一九世紀の幕開けの時点で、反動主義者たちは、早くもこの立場に攻撃を加えていたのです。

個人主義と反個人主義

一八世紀の合理主義者や自由主義者たちの指摘によると、必要とされるのは公正な法律です。合理性によって正当化できない古びた慣習は廃棄されるべきであり、法律が正当である唯一の理由は、それが社会福祉を促進する傾向があるかどうかにありました。多くの国々で、自由主義者や合理主義者は、成文憲法、法典の編纂、そして、どんな個人であれその能力の発達が認められる新しい法律を要求しました。

この思想に対する反動は特にドイツで生じましたが、そこでは裁判官であり法史家であるフリードリヒ・カール・フォン・サヴィニー（一七七九－一八六一）[1]が活躍していました。サヴィニーによると、法律は人間によって記されるのではありません。法律はその集団全体の精神によって何らかの神秘的な方法で作られるのです。思考するのは個人ではありません。国家や社会全体が、それ自身の思考表現のためだけに個人を利用するのです。この思想は、マルクスやマルクス主義者によって、ずいぶんと強調されました。この点で、マルクス主義者はヘーゲルの追随者ではありませんでした。というのも、ヘーゲルの考えた歴史的発展というのは、基本的に個人の自由に向かうものだったからです。

マルクスやエンゲルスにとって、国家的観点から見れば、一人ひとりの人間など取るに足らない存在です。彼らは、歴史的発展において個人が果たす役割を否定しました。彼らによれば、歴史は勝手に進んでいくのです。物質的生産力は勝手に進歩し、個々人の意志とは無関係に発達します。そして、歴史的大事件は、自然法則の不可避性のために生じるのです。物質的生産力は、オペラの監督のように作用します。もし歌手が病気で倒れたのならば、オペラ監督は代役を立てなければなりません。それと同様に、問題が生じた際、物質的生産力は代替手段を用意しなければならないのです。この思想に従うなら、たとえば、ナポレオンやダンテなど取るに足らない存在です。――もし彼らが歴史上の特別な地位に就かなかったとしても、きっと誰か別の人物が彼らの代わりにステージの上に現れたことでしょう。

産業革命とマルクス主義

ある言葉を理解するためには、ドイツ語を理解しなければなりません。一七世紀以降、ラテン語の利用を抑え、ドイツ語からラテン語を取り除くのに相当な努力が費やされてきました。多くの場合、同じ意味のドイツ語表現が存在するにもかかわらず、外国の言葉が残っていました。その二つの言葉は同意語として出発したのですが、時が経つにつれて、それらは異なる意味を獲得しました。たとえば、ウムヴェルツング（Umwälzung）という言葉を例に用いましょう。これはラテン語のレヴォルツィオン（revolution）の逐語的なドイツ語訳です。ラテン語には、戦いという意味はありません。従って、「革命」という言葉には、二つの意味が発達したのです。一つは暴力によるものです。もう一つは「産業革命」のような漸進的な革命です。しかしながら、マルクス主義者たちは、フランス革命やロシア革命のような暴力革命に対してだけでなく、緩やかに進行する産業革命に対してもドイツ語のレヴォルツィオーン

訳注1　フリードリヒ・カール・フォン・サヴィニーは、一九世紀ドイツの法学者。一八一二年にベルリン大学総長、一八四二年にプロイセン立法改訂相となる。

（Revolution）を用いるのです[2]。

ついでに申しますと、産業革命という用語は、アーノルド・トインビー（一八五二－一八八三）[3]によって取り入れられました。マルクス主義者たちは、「資本主義を転覆させるのは革命〔ここでは緩やかに進む革命の意味と思われる〕ではない。――産業革命を考えてみろ」と言うのです。

マルクスは、奴隷制、農奴制、その他の隷属的制度に、独自の意味を与えました。マルクスによると、搾取者が労働者を搾取するには、労働者が自由でなければなりません。マルクスがそのような考えに至ったのは、封建領主の境遇に対する彼の理解に原因があるのです。封建領主は労働者が働かないときでさえ彼らの面倒を見なければなりませんでした。マルクスは、自由主義が進むことで、搾取者は労働者の生活責任から解放されると考えました。自由主義運動の目的が、農奴と領主の間にある法の下の不平等の撤廃にあることを、マルクスは認識していなかったのです。

カール・マルクスは、資本蓄積は障害であると信じていました。彼の見るところ、誰かが別の誰かから奪い取ったというのが、富の蓄積に関する唯一の説明です。カール・マルクスにとって、産業革命というのは、資本家による労働者の搾取にすぎないのです。彼に言わせれば、資本主義の到来で労働者の境遇は悪化したのです。労働者の境遇と奴隷や農奴の境遇とを分ける唯一の違いは、資本家は使い物にならない労働者を世話しなくてよいのに対して、領主は奴隷や農奴を世話しなくてはならないということだけなのです。これもマルクス体系にある解決できない矛盾の一つです。しかし、この矛盾を成り立たせているものが何であるかを理解することなく、今日それは多くの経済学者に受け入れられています。

マルクスによれば、資本主義は、人々を原始的状態から社会主義の千年王国へと導いていく、人類史における必然的で避けがたい段階です。もし資本主義が社会主義への必然的で避けがたい一歩であるならば、マルクスの立場から、資本家の行為は倫理的、道徳的に悪であると一貫して主張することなどできません。それでは、なぜマルクス主義者は資本家を攻撃するのでしょうか。

マルクスが言うには、生産の一部は、資本家に占有され、労働者に与えられません。マルクスによると、これはとても悪いことです。結果として、労働者は、生み出された生産物すべてを消費する立場から追いやられます。彼らが生産したものの一部は、消費されないままとなり、「過少消費」が生じます。この過少消費が、周期的な経済恐慌を生み出すのです。しかしながら、別のところでマルクスはこの理論と矛盾することを述べています。

産業革命は大惨事か

マルクス主義的著述家は、なぜ単純な生産方法からより複雑な生産方法へと前進していくかを説明していません。さらに、次のような事実にも言及しませんでした。一七〇〇年頃、イギリスの人口は五五〇万人ほどでした。一七〇〇年代中頃には、人口は六五〇万人となり、そのうちの五〇万人はかなり困窮していました。経済体制そのものが「過剰」な人口を生み出してしまったのです。過剰人口の問題は、ヨーロッパ大陸よりもイギリスで早く現れました。これが生じた理由は、第一に、イギリスが島国であり、そのため外国の軍隊によって侵略され難かったことにあります。しかし、ヨーロッパではこの侵略によって人口の減少が促されました。イギリスの内戦はとても酷いものでしたが、戦いは終わりました。そして、この過剰人口のはけ口が消滅し、過剰人口が増大してしまったのです。ヨーロッ

訳注２　ウムヴェルツング（Umwälzung）とレヴォルツィオーン（Revolution）という二つのドイツ語の辞書的な意味は、前者は「（社会的・政治的な）革命、変革」という意味なのに対し、後者は「革命、革命的な変化」という意味である。ミーゼスによると、後者には暴力的な意味が付与されている。

訳注３　アーノルド・トインビーは、イギリスの経済学者。世界的に有名な歴史家アーノルド・J・トインビー（一八八九－一九七五）の叔父である。トインビーは、産業革命によって、それまでの農村は引き裂かれ、都市には暗くて惨めな工場で働かされる労働者とスラムが発生したと考えていた。

パでは、状況は異なっていました。一例をあげると、農業での雇用機会が、イングランドよりも豊富だったのです。

イングランドの古い経済体制では過剰人口に対処できませんでした。過剰人口は、ほとんどの場合、とても不道徳的な人たち――物乞い、強盗、泥棒、売春婦でした。彼らは、種々の施設、救貧法※1、地域の慈善活動によって扶養されていました。一部の人たちは、陸軍や海軍に入隊させられ、海外任務にあたりました。農業にも過剰な人口が存在していました。ギルド制やその他の専売権が存在していた加工産業では、産業の拡大は不可能だったのです。資本主義以前の時代では、新品の靴や服を買う余裕のある社会階級とそれができない人々との間には、深刻な分断がありました。加工産業は、概して上流階級に向けて生産を行っており、新品の服を持つ余裕のない人々は、おさがりを着ていました。当時、相当の古着取引があったのです。――近代産業が下層階級に向けて生産を始めたとき、その取引はほぼ完全に消え去ってしまいました。もし資本主義がこれら「過剰」な人々に向けて生活維持の手段を供給しなかったのなら、おそらく彼らは飢えで死んでいたことでしょう。資本主義以前には、天然痘によって多くの人々が亡くなっていましたが、今やほとんど一掃されてしまいました。医療の進歩もまた、資本主義の成果なのです。

マルクスが産業革命の大惨事と呼んだものは、まったく惨事ではありませんでした。それによって、大衆の生活条件は素晴らしく改善されたのです。それがなければ生き残れなかったはずの人々の多くが、生き残ったのです。マルクスは次のように言います。「搾取者だけが技術進歩を利用でき、大衆は産業革命以前よりも悪い状態で生活しなければならない」と。しかし、それは真実ではありません。搾取に関してマルクスが言ったことは、完全に間違っています。まったくの嘘であります。実際のところ、資本主義によって、それがなければ生き残れなかったはずの人々の多くが生き残れるようになったのです。その上、今日の大部分の人々は、祖先が生活していた一〇〇年から二〇〇年前よりも、非常に高い生活水準で生活しているのです。

一八世紀に多数の卓越した著述家が現れ――最も有名なのはアダム・スミス（一七二三－一七九〇）です――貿易

の自由を擁護し、独占、ギルド、王や議会が与えた特権に反対しました。次に、才能に恵まれながらも貯蓄や資本をほとんど持たない人たちが、生産のために、飢えた貧民を組織し始めました。それは工場の内ではなく外で行われ、その上、その生産は上流階級だけに向けられたものではありませんでした。この新しく組織された生産者は、まさに大衆に向けて簡素な商品を作り始めたのです。これは大きな変化でした。これが産業革命なのです。そして、この産業革命によって、より多くの食べ物や他の商品が利用できるようになった結果、人口が増大したのです。カール・マルクス以上に、実際に起こったことを小さく認識した人はいません。非常に人口が増大した結果、第二次世界大戦の直前には、六〇〇〇万人ものイギリス人が存在したのです。

アメリカ合衆国とイングランドを比較することはできません。アメリカ合衆国は、ほとんど近代資本主義国家として始まったのです。とはいえ、大抵の場合、今日西洋文明諸国で生きている八人のうち、七人が生きていられるのは、もっぱら産業革命のおかげだと言えるでしょう。皆様は、ご自身の事として、産業革命が生じなかった場合でさえ自分は生き延びられる八人のうちの一人であることに自信をお持ちでしょうか。もし自信がないのであれば、立ち止まって、産業革命の重要さについて考えていただきたいのです。

階級と個々人の精神

産業革命に対するカール・マルクスの説明は、「上部構造」にも適用されました。マルクスが言うには、道具や機械

※１　貧困層向けの公的支援に関するイギリスの法律。国家的に管理される一様な救済を実施するために、エリザベスの時代に始められ、一八三四年に改正された。

といった「物質的生産力」は、社会構造、所有権等々といった「生産関係」を生み出し、「生産関係」は、哲学、芸術、宗教といった「上部構造」を生み出します。「上部構造」は、個々人の階級状況、すなわち、彼が詩人であるか、絵描きであるか等々に依存します。マルクスは、国民の精神的生活に生じることを、必ずこの観点から解釈しました。アルトゥル・ショーペンハウアー（一七八八ー一八六〇）は株式や国債のオーナー哲学者と、フリードリヒ・ニーチェ（一八四四ー一九〇〇）はビッグ・ビジネスの哲学者と呼ばれました[4]。イデオロギーの変化、そして、音楽、芸術、小説執筆、劇作の変化など何であれ、マルクス主義者は即座に解釈することができました。どの新しい書物も、その特定の時代の「上部構造」によって説明されました。書物には、必ず「ブルジョア的」もしくは「プロレタリア的」という形容詞が付けられました。ブルジョア階級は同質的な反動的集団と考えられたのです。

信じることなくして、人間がある種のイデオロギーを生涯にわたって実践できると考えてはいけません。「成熟資本主義」という言葉の使用を見れば、自分たちをマルクス主義者とまったく考えていない人たちが、マルクスによって、いかに完全なまでに影響を受けてきたかがわかります。ハモンド夫妻や、実際のところほぼすべての歴史家は、産業革命のマルクス主義的解釈を受け入れてきたのです[※2]。例外の一人が、アシュトンです[※3]。

社会主義者が社会主義に反対する理由

カール・マルクスは、彼のキャリアの後半において、介入主義者ではありませんでした。レッセフェールを支持したのです。彼が資本主義の発展に賛成したのは、資本主義の完全な成熟によって、資本主義は崩壊し、社会主義が到来すると期待したからです。この点、書物の中では、彼は経済的自由の支援者だったのです。

社会主義の到来を遅らせるので、介入主義的な手段は好ましくない、とマルクスは信じていました。労働組合は、介入を推奨しました。だから、マルクスは介入に反対したのです。いずれにしても、労働組合は何も生産しませんし、実際のところ、生産者がより多くのものを生産してこなかったとすれば、賃金を上げることなど不可能だったでしょう。

マルクスは、介入は労働者の利益を損なうと主張しました。ドイツの社会主義者は、一八八一年頃に開始されたオットー・フォン・ビスマルクの社会改革に反対票を投じました（マルクスは一八八三年に亡くなりました）。それから、ここアメリカでは、共産主義者はニューディールに反対しました。もちろん、彼らが時の政府に反対した本当の理由は、まったく別のところにありました。野党が、似たような政党に大きな権力を与えたいと思うはずがありません。

社会主義計画を立案する際、誰もが暗黙のうちに仮定することがあります。その仮定とは、自分自身が計画者や独裁者であるか、もしくはその計画者や独裁者は知的な側面で自分に完全に依存しており、計画者や独裁者は自分の雑用人であるというものです。他人の計画の一部になりたいと思う人など存在しないのです。

計画についてのこれらの思想は、共同体の形態に関するプラトンの論説にまで遡ります。プラトンはとても率直に語っています。彼は、哲学者によってのみ支配される体制を構想し、あらゆる個々人の権利や判断は取り除かれるべきだと考えました。そうするように指示されない限り、誰もが、どこかへ行ったり、休んだり、寝たり、食べたり、飲んだり、入浴したりすべきではないのです。プラトンは、自らの計画の中で、人間をチェスの駒に変えようとしま

訳注4　アルトゥル・ショーペンハウアーは、ドイツの厭世哲学者。フリードリヒ・ニーチェは、ドイツの哲学者、詩人。ショーペンハウアーの哲学から強く影響を受けた。

※2　ジョン・ローレンス・ハモンドとバーバラ・ハモンドは、*The Village Labourer*（1911）、*The Town Labourer*（1917）、*The Skilled Labourer*（1919）の三部作の著者である。

※3　T. S. Ashton, *The Industrial Revolution* 1760-1830（London: Oxford University Press, 1998[1948, 1961]）

した。必要とされるのは独裁者であり、彼が哲学者を生産管理中央委員会におけるある種の首相や大統領に任命するのです。そのような一貫した社会主義者は誰であれ——たとえば、プラトンやヒトラー——未来の社会主義者を作るために、未来の社会構成員の繁殖や教育をも計画したのです。

プラトン以来二三〇〇年もの間、彼の思想に反対が示されたことなどほとんどなかったのです。カントでさえ反対しませんでした。社会主義を支持する哲学的傾向は、マルクス主義思想を議論する際に考慮に入れられなければなりません。そして、このことは、自らをマルクス主義者と呼ぶ人々だけに限られたものではないのです。

マルクス主義者は、知識獲得のためだけの知識の探究というのは存在しないと言います。しかし、彼らはこの場合も一貫していません。というのも、彼らの主張によると、社会主義国家の目的の一つはそのような知識の探究を取り除くことだからです。彼らが言うには、役に立たないことを学ぶのは、人間にとって侮辱なのです。

イデオロギーと事実の歪曲

では、事実のイデオロギー的歪曲について説明しましょう。最初から、階級意識が発達しているわけではありませんが、それは必ず生じなければなりません。マルクスがイデオロギーの理論を発展させたのは、社会主義に対する諸批判に答えられないと知っていたからなのです。彼の答えは「あなたが言ったことは事実ではない。それはただのイデオロギーだ。階級のない社会でない限り、人間の考えることは必ず階級のイデオロギーなのだ。——つまり、それは間違った意識に基づいているのだ」というものです。さらなる説明を加えることなく、マルクスは、そのようなイデオロギーはそれを生み出す階級や階級の構成員に役立つと仮定しました。そのような諸観念は、ゴールに向かって、その階級の目標を追求するのです。

マルクスやエンゲルスが現れ、プロレタリア階級の階級思想を発達させました。従って、この時からブルジョア階級の理論は完全に無用なのです。ひょっとすると、ブルジョア階級は良心の呵責を和らげるためにこの理論を必要とした、と言う人もいるかもしれません。しかし、その存在がなくてはならないものなら、なぜ彼らは良心の呵責を感じなければならないのでしょうか。本当に、それは不可欠なのです。というのも、マルクス理論において、ブルジョア階級がなくては、資本主義は発展できないからです。そして、資本主義が「成熟」するまで、社会主義はあり得ないのです。

マルクスによれば、「ブルジョア的生産の弁証学」とも言われるブルジョア経済学が、ブルジョア階級を支えたのです。マルクス主義者は次のように言うこともできました。「この邪悪なブルジョア理論に関するブルジョア階級の考えが、搾取される者の視点だけでなくブルジョアの視点から見ても、資本主義的生産様式を正当化したのであり、だからその制度は存在できたのだ」と。しかし、これは極めて非マルクス主義的な説明です。そもそも、マルクス理論によれば、ブルジョア的生産制度に対する正当化など必要ないのです。人を食い物にすることが病原菌の任務であるのと同様に、搾取がブルジョア階級の任務なので、彼らは搾取するのです。ブルジョア階級にはいかなる正当化も必要ありません。ブルジョアがしなければならないことはこれであると、ブルジョアの階級意識がブルジョアに指示するのです。搾取こそが資本家の本性なのです。

ロシアのあるマルクス支持者は、マルクスに次のように書きました。「社会主義者がすべきことは、ブルジョア階級がもっと搾取するよう支援することのはずだ」と。マルクスは、「それは必要ない」と返答したのです。当時、マルクスは、「ロシアは資本主義段階を経ずして社会主義へ至ることができる」という内容の手紙を書いていました。翌朝、マルクスは、ある国が不可避の段階の一つを省くことができるということを、もし自らが認めてしまうとしたら、これによって自らの理論全体が破壊されてしまうかもしれないと気付いたに違いありません。だから、彼はこの手紙を送らなかったのです。エンゲルスは、思慮が足りませんでしたが、カール・マルクスの机からこの紙片を発見し、それを書き写し、ヴェーラ・ザスーリチ（一八四九－一九一九）[5]に送りました。彼女は、サンクトペテルブルクで特別市長官の暗殺を試み、陪審員によって無罪宣告されたために（彼女には腕の良い弁護人がつきました）、ロシアで有名でした。この女性がマルクスの手紙を公表し、それがボリシェヴィキの重要な資産の一つになったのです。[6]

マルクスが資本主義に反対する理由

資本主義制度は、出世と功績とが正確に一致する制度です。もし成功しなければ、人々は苦しみを感じます。彼らは、知恵が不足しているために出世しないということを受け入れられず、社会のせいにするのです。その多くが社会を批判し、社会主義に転向するのです。この傾向は、特に知識人に強く表れます。能力の低い専門家は、専門家でない人たちよりも自分の方が「優れている」と考えます。というのも、専門家はお互いを平等と見なすからです。そして、彼らは自らが実際に得ているよりも多くの評価を得るに値すると思うのです。嫉妬心は重要な役割を果たします。現在の状態に不満足な人々には、ある哲学的傾向があるのです。政治的条件への不満もあるでしょう。満足していなければ、人は誰であれ、考え得る他の状況を求めるものなのです。

マルクスは「アンチタレント」でした。才能が欠如していたのです。彼は、ヘーゲルとフォイエルバッハに影響を受けましたが、特にフォイエルバッハのキリスト教批判に影響を受けました。搾取の理論は、一八二〇年代に出版された誰が書いたかわからないようなパンフレットから借用したことを、マルクスは認めています。彼の経済学は、デヴィット・リカード（一七七二－一八二三）の経済学を歪めたものでした※4。

経済に関して、マルクスは無知そのものでした。彼は、生産手段を誤って用いてしまう可能性に気付いていなかったのです。大きな問題は、入手できる希少な生産手段をどのように利用すべきか、にあるのです。マルクスは、するべきことは明らかだと仮定しました。将来は常に不確実であるということ、そして未知なる将来に向けて供給することが事業家の使命であるということを、理解していなかったのです。労働者や技術者は、資本主義下では企業家に従い、社会主義下では社会主義的官僚に従います。マルクスは、するべきことを述べることと、他の誰かがするべきと述べたことを実行することには違いがあるという事実を考慮していませんでした。社会主義国家は、必ず警察国家となるのです。

国家の死滅[7]というのは、まさに社会主義下で起こるはずの問題〔必ず警察国家となるという問題〕に対して返答を避けるために、マルクスが企てたことにすぎません。社会主義下で、囚人は社会全体の利益ために罰せられるということを知るでしょう。

『資本論』第三巻は、貨幣と銀行業に関するイギリス議会報告書からの長い引用であふれていますが、それらはまっ

訳注5　ヴェーラ・イヴァーノヴナ・ザスーリチ（一八四九―一九一九）ロシアのナロードニキ女性活動家。（ナロードニキ運動とは、農民の啓蒙と組織化により、帝政を打破し、農村共同体を基に新しい社会を作ろうとする運動のこと）プレハーノフ等と共にロシアで初めてのマルクス主義団体である労働解放団を創立。後にメンシェヴィキに加わる。

訳注6　ここで述べられているのは、マルクスの「『祖国雑記』編集部宛の手紙」のことと思われる。ロシアの雑誌『祖国雑記』は、一八七七年一〇月にミハイロフスキーの「ジュコフキー氏の法廷に立つカール・マルクス」という論説を掲載した。そこでは、マルクス理論において資本主義は普遍的な発展法則とされているという前提で、議論が展開されていた。これに対して反論するため、マルクスは編集部宛に手紙を書いたが、結局、発送されなかった。ミーゼスがこの話題に触れたのは、資本主義は不可欠だとするマルクス理論であるのに、実際に革命が起こったのは、資本主義が発達していない農業国家ロシアであったのであり、マルクスも資本主義を飛び越えて社会主義になることを認めていたという矛盾を指摘するためである。

※4　『経済学および課税の原理』

訳注7　「国家の死滅」というのは、私有財産制が廃止され階級が消滅する共産主義社会において、階級支配の機関である国家は不要となり、消滅するというマルクスやエンゲルスの考えのこと。特に『反デューリング論』における、エンゲルスの言葉「国家は『廃止』されるのではない。それは死滅するのである」が有名である。

たく意味がわかりません[※5]。たとえば、「重金主義は本質的にカトリック的であり、信用主義は本質的にプロテスタント的である。……しかし、プロテスタントがカトリックの基礎から解放されていないように、信用主義も重金主義の基礎から解放されてはいない[※6]」。本当に馬鹿げています！

※5　*Capital: A Critique of political Economy,* Ⅲ（Chicago: Charles H. Kerr, Chicago, 1909）, pp.17, 530-677ff.

※6　Ibid., p.696.〔邦訳は、マルクス『資本論第三巻b』社会科学研究所監修、資本論翻訳委員会訳、新日本出版社、一九九七年、一〇三九－一〇四〇頁を参照した〕

4th LECTURE

第4講義

Nationalism, Socialism, and Violent Revolution

国粋主義、社会主義、暴力革命

マルクス理論では、絶対的真理の存在そのものは否定されませんが、階級のない社会、つまりプロレタリア社会でのみ、それに到達できるのです。

レーニンの主著[※1]、もしくは少なくとも彼の最も分量のある本（現在『レーニン全集』に収められています）を読み、レーニンを哲学者と呼ぶようになる人々もいます。しかし、敵対者に対するレーニンの批判の多くは、彼らを「ブルジョア」と呼ぶことから成り立っています。レーニンの哲学は、単にマルクスの哲学思想を言い直したものにすぎませんし、ある意味では、ロシアの他のマルクス主義的著述家の水準にさえ達していないのです。

ジョルジュ・ソレルと革命思想

マルクス主義理論や哲学は、共産主義政党のある国々では発展しませんでした。マルクス主義者と呼ばれる人々は、自らを単にマルクスの解説者にすぎないと考えていたのです。彼らは、決してマルクスに関して何かを変更しようとはしませんでした。とはいえ、マルクスにはいくつかの矛盾があり、だから、どのような観点からも、マルクスの著作を引用することが可能なのです。マルクスは、死してなお、著述家たちに対して甚大な影響を与え続けてきました。もっとも、その著述家たちがマルクスから影響を受けていたことは、大抵の場合、認められていません。

マルクス主義者たちは、自らをマルクスの解説者にすぎないと考えましたが、ある一人のマルクス主義的著述家が大きな変化を加え、彼を信奉する小集団だけでなく他の著述家たちにも強い影響を与えました。重要な歴史家であるジョルジュ・ソレル（一八四七－一九二二）[1]――アルベール・ソレル（一八四二－一九〇六）と混同しないでくださいーーは、マルクス主義哲学とは様々な点で異なる哲学を発展させ、政治活動や哲学的思潮に影響を与えました。ソレルは、ブルジョア階級の気の弱い知識人であり技師でした。彼は仕事を辞めましたが、それは、革命的社会主義者であるシャルル・ペギー（一八七三ー一九一四）[2]が所有する書店で、友人たちと政治や哲学を議論するためでした。時が経つにつれ、ペギーは意見を変え、人生の終盤に熱狂的なカトリック作家となりました。ペギーは、家族に対して深刻な葛藤を抱えていました。ソレルとの親交において、ペギーは注目に値します。ペギーは、行動の人であり、大戦の初期の頃、戦いで亡くなったのです。

心理的には、ソレルは行動を夢見る人々のグループに属していましたが、彼は決して行動しませんでした。彼は戦わなかったのです。しかしながら、著述家として、ソレルは極めて攻撃的でした。彼は残忍性を称賛し、私たちの人生から残忍性がますます消えていっている事実を非難しました。彼の著作の一つ『暴力論』で述べられているのは、自らを革命的と呼ぶマルクス主義政党は議会政党に転落しており、それは腐敗の表れだということでした。もし人々が議会にいるとするならば、革命はどこにあるのでしょうか。彼は、労働組合も好きではありませんでした。彼の考えによると、労働組合はより高い賃金を要求するという望みのない危険な試みを捨て去るべきであり、この保守的でお決まりの方法ではなく、革命を採用すべきなのです。

一方で革命について言及し、そのすぐ後で「社会主義の到来は必然である。そして、物質的生産力が古い社会の枠組みの内部で可能なことのすべてを成し遂げるまで社会主義が現れることはないので、その到来を加速させることはできない」と述べるマルクス体系に、ソレルははっきりと矛盾を見たのです。ソレルは、この必然思想と革命思想とは

※1　V.I. Lenin, *Materialism and Empirio-criticism: Critical Comments on a Reactionary Philosophy* (Moscow: Zveno Publishers, 1909).

訳注1　ジョルジュ・ソレルは、フランスのマルクス主義者。裕福な商人の下に生まれ、パリのエコール・ポリテクニックで二年間学んだ後、フランス土木局の技官として働く。四五歳で職を辞し、著作業に専念する。彼の主著『暴力論』（一九〇八）は、サンディカリズムに哲学的な基礎を提供した。また、ソレルの思想は、ファシスト（極右）やボリシェヴィキ（極左）など両翼に位置する人々に大きな影響を与えた。

訳注2　シャルル・ペギーは、フランスの詩人、劇作家。

両立しないと悟りました。これは、社会主義者であれば誰もが、自らに問いかける矛盾です。たとえば、カウツキーがそうでしょう。ソレルは、徹底的なまでに革命思想を採用したのです。

サンディカリズムと国粋主義

ソレルは、労働組合に新しい戦略、すなわち直接行動（アクシオン・ジレクト）――攻撃、破壊、サボタージュ――を要求しました。彼の考えでは、これら攻撃的諸政策は、組合が「ゼネラル・ストライキ」を宣言するであろう最後の審判当日の前哨戦にすぎないのです。その日、組合は「では、我々はまったく働かない。我々は、国家の生命を完全に消し去りたいのだ」と宣言するのです。ゼネラル・ストライキとは、本物の革命というような意味にすぎませんが、直接行動の思想は、「サンディカリズム[3]」と呼ばれます。

サンディカリズムは、労働者による産業所有ということもできます。社会主義者は、国家所有と民衆のための運営という意味で、この言葉を用います[4]。ソレルは革命によってこれを達成したかったのです。彼は、歴史は社会主義へと向かうという考え方に、異議を唱えているわけではありません。人類を社会主義へと推し進めるある種の本能があるのですが、ソレルはこれが迷信的なものであり、分析することができない内的な衝動であることを受け入れたのです。この理由のため、彼の哲学はアンリ・ベルクソン（一八五九－一九四一）[5]のエラン・ヴィタール（神話、おとぎ話、寓話、伝説）のそれと対比されてきました。しかしながら、ソレルの理論において、「神話」とは理性によって批判できない次の二つの主張を意味するのです[6]。

1. 社会主義は目的である。
2. ゼネラル・ストライキは素晴らしい手段である。

ソレルの著作のほとんどは、一八九〇年から一九一〇年までの間に執筆されました。彼は世界に大きな影響を与えました。その影響は、革命的社会主義者だけでなく、王政主義者、オラニエ家の復興支持者、「アクシオン・フランセーズ（フランスの王党派組織）[7]」、そして、他の国々の「国粋主義運動」にまで及びました。しかし、これらの連中のすべてが、ソレルがそうあるべきと考えたよりもやや「礼儀正しい」ものになりました。

フランスのサンディカリズムの思想こそが、二〇世紀の最も重要な運動に影響を与えたのです。ソレルによって、もしくは、行動思想や対話の代わりに殺戮を用いるという思想によって、レーニン、ムッソリーニ、ヒトラーは完璧なまでに影響を受けました。ムッソリーニやレーニンに対するソレルの影響は、疑いの余地がありません。ナチズムに対する彼の影響については『二〇世紀の神話』〔この本は、ヒトラーの『我が闘争』に次ぐ、ナチスの聖典であっ

訳注3　サンディカリズムとは、労働組合による政府や産業の支配を目指す考え方のことで、フランスに起源を持つ。「サンディカ」は、職業組合を意味し、労働組合が行う直接行動、ゼネラル・ストライキによって、革命を達成しようとする。一九世紀末から二〇世紀初頭にかけてヨーロッパを中心に広がりをみせた。

訳注4　社会主義者として念頭に置いているのは、レーニンやムッソリーニだと思われる。とりわけ、ムッソリーニは、もともと社会主義者であったが、サンディカリズムに影響を受け、国粋主義的な国家ファシスト党を創設した。

訳注5　アンリ・ベルクソンは、フランスの哲学者。エラン・ヴィタールは、主著『創造的進化』（一九〇七）において用いられた概念で、「生命の躍動」と訳される。ソレルの思想は、多くの点でベルクソン哲学から影響を受けている。

訳注6　ソレルは「神話」用いて革命を喚起することを主張する。ソレルによれば、「神話」とは、「現実に働きかける手段として評価されなければならない」（ソレル『暴力論（上）』今村・塚原訳、岩波書店、二〇〇七年、二二九頁）ものであり、私たち人間は、「人間の理性を超えているようにみえるこの未来に関して論じることとなしに行動することはできない」（前掲書、二一六頁）のである。ソレルのこの「神話」の理論は、ファシズムにも大きな影響を与えている。

訳注7　アクシオン・フランセーズとは、ドレフュス事件を契機として、シャルル・モーラスらによって一八九九年に結成された極右的、反ユダヤ主義的、反共主義的な団体である。

た」と題されたアルフレート・ローゼンベルク※2の本を読んでください。人種差別主義の基本思想は、フランス人から取り入れられたのです。マルクス主義思想に対して、本当の意味で何らかの貢献を行った唯一の人物がソレルであり、彼は、サンディカリストの集団――そのほとんどは知識人であり、たとえばニューヨークの「ペントハウス・ボリシェビスト」のような、有閑階級の人々や知識人までもが含まれる比較的小さな集団――と協力したのです。彼らが繰り返し述べるには、労働者だけがブルジョア制度の悪事を暴きだし、それを破壊するための十分な活力と階級意識を持つのです。

教育によるマルクス主義の普及

マルクス主義運動の中心は、ドイツからフランスに移転し、マルクス主義的著作の大部分は、フランスで書かれました。ソレルの仕事はフランスで行われたのです。ロシアを除けば、他のどの国よりもフランスに多くのマルクス主義者が存在していました。また一方で、ロシアよりもフランスで共産主義に関するより多くの議論がなされました。パリのエコール・ノルマル・シュペリウール〔高等師範学校〕は、マルクス主義教育の重要な中心地であり、その図書室司書であるルシアン・エール（一八六四―一九二六）は、甚大な影響力を持ちました。彼が、フランス・マルクス主義の父なのです。エコール・ノルマル・シュペリウールの卒業生たちの影響力はどんどん強くなり、フランス全土にマルクス主義が広がっていきました。

概して、ヨーロッパ諸国の大部分で同じような状況が広がっていました。マルクス主義が大学に受け入れられるのが遅いと思われる場合、正統派社会主義を次世代に教えるため専門学校に資金が提供されました。これが、ウェッブ夫妻によって設立された、フェビアン協会やロンドン・スクール・オブ・エコノミクスの目的だったのです。しかし、異なる思想を持つ人々が入り込むのを避けることはできませんでした。たとえば、フリードリヒ・ハイエク（一八九九―一九九二）は、ロンドン・スクール・オブ・エコノミクスで数年間、教鞭を取りました。国立大学を持つどのヨーロッパ諸国でも、これが実情でした。多くの場合に忘れ去られている事実ですが、ロシアの帝国大学では、ツァーリによって、自由貿易主義者ではなくマルクス主義者が教授職に任命されていました。これら教授は、合法的な、あるいは「忠誠を誓う」マルクス主義者と呼ばれました。ボリシェヴィキがロシアの政権を握ったとき、教授たちを首にする必要などなかったのです。

マルクスは国粋主義者ではない

マルクスは、世界の様々な場所には違いがあることを少しも理解していませんでした。彼の理論の一つに、資本主義とは社会主義に向かう発展の一段階であるというのがあります。この段階に関して、他よりもさらに遅れている国もあります。しかし、資本主義によって、かつて世界の統合を妨げた貿易障壁や移民障壁が破壊されつつありました。その結果、社会主義に向かう種々の国々の発展度の違いは、消滅するのです。

一八四八年の『共産党宣言』によると、資本主義によって、あらゆる国々の特質は破壊され、世界のあらゆる国々は一つの経済システムに統合されつつあるのです。生産物価格の低下は、資本主義が国粋主義を破壊するために用いる手段でした。しかし、一八四八年の平均的な人間は、アジアやアフリカについて何も知りませんでした。マルクスは、

※２　ローゼンベルク（一八九三―一九四六）は、一九四六年一〇月一日にニュルンベルクで戦争犯罪のために死刑判決を受けたナチの観念論者である。彼は、一九四六年一〇月一六日に処刑された。

中国やインドとの取引関係について知識のある平均的なイギリスの事業家よりも知識が乏しかったのです。この問題に対してマルクスは一つだけ考慮しました。それは、ある国は資本主義の段階を跳び越えて社会主義へと直接進むかもしれないという趣旨の所見で、後にヴェーラ・ザスーリチによって公表されました。マルクスにとって、様々な国家の間には何の違いもありませんでした。あらゆる場所で、資本主義、封建主義が漸進的な貧困を引き起こし、あらゆる場所で、成熟経済が生じます。そして、資本主義の成熟期が到来するとき、世界中が社会主義に至るのです。

マルクスには、政治的出来事や身近で出版された政治的文献から学ぶという能力が欠落していました。大英博物館の図書室で見つけた古典派経済学者の書物や、イギリス議会報告書以外は、事実上、彼の目に入らなかったのです。彼は、身近な人たちに起こったことさえ認識していませんでした。彼が見逃したのは、多くの人々はプロレタリア階級の利益のためではなく、民族原理（the principle of nationality）のために戦ったということなのです。

マルクスは、この民族原理を完全に見落としました。民族原理は、それぞれの言語集団は独立した国家を形成すること、そして、そのような集団のすべてのメンバーは認められ、統一されるべきであることを要求します。これが、ヨーロッパの紛争を引き起こした原理なのです。そして、この原理によって、ヨーロッパのシステムは完全に破壊され、現在のヨーロッパの混沌が作りだされたのです。民族原理には、言語集団が混じり合う広大な領域があるということが考慮に入れられていません。結果として、様々な言語集団の間に紛争がもたらされ、最終的に今日のヨーロッパの状況が生み出されたのです。私がこれについて言及するのは、それがこれまで知られていなかった政府の行動基準であるからなのです。

この原理に従えば、インドのような国家は存在しません。この民族原理によって、インドは互いに争う多くの独立国に分裂させられてしまうかもしれないのです。インド議会は英語を用います。各州の議員は、政府の言語、すなわち自分たちの故郷から事実上追放してしまった言語を用いる以外に、お互いに意見交換することができません。しかし、この状態は永遠には続かないでしょう。

一八四八年、ヨーロッパ中のスラヴ民族が汎スラヴ会議のためにプラハで集まった際、彼らはお互いドイツ語で話さなければなりませんでした[8]。しかし、それ以外の点で、このことが後の発展を妨げることはありませんでした。カール・マルクスやエンゲルスは、国粋主義運動が好きではありませんでしたし、それについてまったく関心がありませんでした。それは、彼らの計画に合わなかったのです。オーストリア＝ハンガリー帝国やバルカン諸国の様々な言語集団に対するマルクスとエンゲルスの敵対的な意見のために、もし一部の作家、特にフランスの作家が、マルクスは国家社会主義（ナチズム）の先駆者であったと考えるならば、それは間違いです。マルクスは、「私の望みは、一つの世界国家の樹立だ」と述べました。そして、それはレーニンの思想でもあったのです。

世界の人々は同質なのか

一八四八年までに、マルクスは、社会主義はすぐそこまで来ていると仮定していました。そのような理論を考慮すると、個々の言語に分割された国家を形成する理由はありません。そのような国家は、本当に一時的にしか存在し得ないのです。マルクスの単純な仮定では、国家の時代は終わり、様々な類型、階級、民族、言語集団等々の間に違いがない時代がすぐそこまで来ているのです。マルクスにとって、人間にはどのような違いもありません。人間には、おそらく完全に同じタイプしかいないのでしょう。マルクスは、一つの世界国家で人々はどのような言語を用いるのか、独裁者の国籍はどこであるのかについて、何の答えも持ち合わせていなかったのです。

訳注8　汎スラヴ主義とは、スラヴ民族の連帯と統一を目指す運動である。

イギリス人とエスキモーには違いがあると、誰かが言った際、マルクス主義者は皆、ひどく怒りました。同様に、同じ国、同じ都市、同じ部署にいる人間には違いがあると、誰かが言った際、マルクスはひどく怒ったのです。マルクスによれば、教育だけが異なるのです。もし愚か者とダンテが同じように教育されたなら、彼らの間にはいかなる違いも生じなかったことでしょう。この思想はマルクスの信奉者に影響を与えました。そして、それはいまだにアメリカの教育の基本理念の一つなのです。なぜ誰もが同じように賢くないのでしょうか。多くのマルクス主義者が想定するに、将来の社会主義的共同体では、より多くの才に恵まれる人もまだ存在しますが、平均的な人間の能力、器量、知能、芸才は、トロツキー、アリストテレス、マルクス、ゲーテといった過去の偉人に匹敵するのです[9]。

最善の場合でも、教育は教師がすでに知っていることを教え子に移転できるにすぎないということに、マルクスは思い至りませんでした。マルクスの場合、学校でヘーゲル派の熟練教師によって教育されただけでは十分ではなかったはずです。その場合、彼が生み出したであろうものは、やはりヘーゲル主義だけだったでしょう。自動車が作られる以前の知識を教えたところで、自動車を作ることなどできなかったはずです。教育はそのような進歩を生み出すことなどできないのです。地位、相続財産、教育、等々のおかげで、前世代からさらに一歩進めることのできる才能を有する人々もいることを、教育だけでは説明できないのです[10]。

同様に、ただ国家の所属に言及するだけでは、一部の人たちの偉業を説明することなどできません。問題は、なぜこれらの人々は彼らの兄弟や姉妹と異なっているかにあるのです。マルクスは、理由もなく、現在私たちは国際主義の時代に生きており、国民性は完全に消え去る、と想定しました。同じように、未熟練労働者でも機械を操作することができるので、専門分化は消滅し、そして世界の様々な場所、様々な国々の間にはいかなる違いも存在しなくなる、と想定したのです。

戦争は利益をもたらすか

国家間におけるいかなる種類の紛争であれ、それはブルジョア階級の策謀の結果と解釈されます。なぜフランス人とドイツ人は戦うのでしょうか。なぜ彼らは一八七〇年に戦ったのでしょうか[11]。それは、プロイセンの支配階級とフランスの支配階級が戦いを望んだからでした。しかし、これは、それぞれの国民の利益とは何の関係もありませんでした。

戦争をどう見るかに関して、もちろんマルクスは、マンチェスター・レッセフェールを信奉する自由主義者の思想から影響を受けました[12]。侮辱として「マンチェスター自由主義」という言葉を用いる際、その言葉の由来となったマンチェスター集会における有名な宣言の中の重要な陳述を忘却しがちです。その集会において、自由貿易の世界では、もはや国家が互いに争う理由は何もないと主張されました。もし自由貿易が存在し、いかなる国であれ、他のどの国の生産物でも享受できるのであれば、戦争の最も重要な原因は消滅します。より大きな所得や権力を得るために、君主たちは自らの偉大なる国家の支配領域拡大に興味を持ちますが、国民はそれに興味を持たないのです。というのも、自由貿易の下ではいかなる違いも生じないからです。加えて、移民障壁がないときには、個々の国民にとって自

訳注9　「人間の平均的タイプがアリストテレス、ゲーテ、マルクスの水準にまで高まる。この山脈の上に新たな高峰が聳え立つのだ」（トロツキー『文化と革命Ⅰ』内村剛介訳、現代思潮新社、二〇〇八年、二三六頁）

訳注10　ここでミーゼスは、個々人の才能や努力、創造性などを重視したのであって、教育が無意味であると言っているわけではない。それは、ミーゼス自身が多数の優秀な経済学者を輩出した優れた教師であったことからも明らかである。

訳注11　普仏戦争（一八七〇―一八七一）のこと。ビスマルク率いるプロイセン軍とナポレオン三世率いるフランス軍との間で行われた。この戦争の最中、ナポレオン三世は退位し、ドイツ統一がなされた。

訳注12　マンチェスター学派とも呼ばれる。マンチェスターを拠点に、一九世紀前半に穀物法に反対する運動を展開した。

国が大きかろうと小さかろうと重要ではありません。だから、マンチェスター自由主義者によれば、大衆民主主義的支配の下で戦争は消え去るのです。国民は戦争から何も得るものがないので、戦争に賛成しないでしょう。国民のすべきことは、費用負担と死ぬことだけなのです。

ウッドロー・ウィルソン大統領（一八五六－一九二四）はこの考え方を念頭に置きつつも、ドイツに宣戦布告しました。ウィルソン大統領が理解していないのは、国家間に自由貿易が存在する世界でのみ、戦争はまったく無益になるということなのです。介入主義の世界において、それは正しくないのです。

それにもかかわらず、ノーマン・エンジェル卿（一八七二－一九六七）は、まだ同じように議論しています[13]。一人ひとりのドイツ人は、一八七〇年の戦争で何も得るものがなかった。その時点では、この見解はほぼ正しかったのです。というのも、自由貿易が比較的存在していたからです。しかし、その後、状況は変化しました。介入主義の世界において、イタリアは自らの政策によって、自国民が必要とする原材料を入手できなくしてしまいました[14]。当時の介入主義的な世界で、個人が戦争から何も得るものがないというのは、真実ではありません。

国際連盟は、世界史における大きな失敗の一つです（世界史を見れば数多くの失敗がありました）。連盟の二〇年間、貿易障壁はますます強められました。禁輸措置が確立したので、貿易障壁として関税は重要でなくなったのです。

マルクスは平和主義者ではない

国民が戦争から得るものは何もないという理由で、自由主義者は、もはや戦争は経済的な利得をもたらさないと主張し、その結果、民主主義国家は戦争に熱心でなくなる。マルクスは、目の前で進展する介入主義的な世界でさえ、このことが当てはまると考えていました。これは、マルクス主義の根本的な間違いの一つです。マルクスは平和主義者ではありませんでした。彼は、戦争は悪だとは言わなかったのです。自由主義者がそう言ったからなのですが、マルクスは、国家間の戦争はまったく重要でなくなると述べたにすぎません。彼は、戦争――すなわち革命、彼は内乱のことを言っているのですが――は必要だと言ったのです。フリードリヒ・エンゲルスも平和主義者ではありませんでした。彼は、来る日も来る日も軍事学を勉強しましたが、それは彼が自らに割り当てた万国最高司令官、つまり万国連合プロレタリア最高司令官という地位に備えるためだったのです。彼が赤いコートに身を包んでキツネ狩りに参加し、「これは未来の将軍にとって最高の訓練だ」とマルクスに語ったことを忘れてはなりません。

この革命思想（国際戦争ではなく国内戦争）のために、マルクスのインターナショナル〔国際労働者同盟〕は平和を論じ始めました。一八六四年、マルクスは、ロンドンで第一インターナショナルを設立しました。庶民とは何の関係もない人々が一堂に会したのです。どの国にも書記がいました。イタリアの書記はフリードリヒ・エンゲルスであり、残りの国々のほとんどは、観光程度しかその国を知らないような人たちによって代表されたのです。メンバー同士の口論により、インターナショナル全体が混乱しました。最終的に、それはアメリカ合衆国に移転し、一八七六年に崩壊しました。

一八八九年、第二インターナショナルがパリで設立されました。しかし、この第二インターナショナルは、取り組

訳注13　ラルフ・ノーマン・エンジェル卿は、イギリスのジャーナリスト、政治家で平和主義者。一九三三年にノーベル平和賞を受賞した。第一次世界大戦前の著作『大いなる幻想』（一九一〇）において、彼は、戦争は経済的利益をもたらさないとして、戦争を否定した。ここで、ミーゼスが「まだ同じように議論している」と皮肉を言ったのは、第一次世界大戦の勃発で、エンジェルの間違いが明らかとなったにもかかわらず、一九三三年に『大いなる幻想』の新版を出したからであろう。

訳注14　ムッソリーニ率いるファシスト党の政策のこと。イタリアは、一九二五年頃から、たとえば、小麦の自給率向上を目指す「小麦戦争」など、保護貿易政策を導入した。一九三五年にイタリアがエチオピアに侵攻すると、国際連盟はイタリアに経済制裁を科し、イタリアはアウタルキー体制（自給自足体制）をますます強めていった。

む べき問題を分かっていなかったのです。労働組合はすでに結成されており、自由貿易と自由移民に反対しました。そのような状況で、国際総会で議論されるべき主題などあるはずがありません。後に、彼らは平和と戦争について議論することを決めましたが、それは国内的観点からだけの議論でした。彼らは「我々は皆、プロレタリアだ」と言い、ブルジョア階級の戦争に決して参加しないことに同意したのです。ドイツ人には、エンゲルスとカール・カウツキーが含まれていました。その集団には、「諸君らは自国を守れないと言うが、意味がわからない。我々は、ホーエンツォレルン家[15]が好きではないのだ」と言ってくる、「意地悪」なフランス人もいました。当時、フランスは、ロシアと協定を結んでおり、ドイツはそのことを快く思っていませんでした[16]。数年ごとに、そのような国際総会が開催され、その度に新聞は、戦争の終焉の先駆けだと書きました。しかし、この「素晴らしい奴ら」は、不和や移住障壁などの本当の原因について論じることはありませんでした。第一次世界大戦の勃発で、第二インターナショナルは崩壊してしまいました。

マルクスが計画したのは革命でした。しかし実際には、その理論を実行する力を持たない概ね無害で官僚的な組織が、ヨーロッパ諸国に作り上げられたのです。その後、東方に、不幸にも国民を処刑し全世界を脅迫する力を持つ共産主義組織が発達してしまいました。それも、これまで述べてきたことのすべては、ロンドンの大英博物館の図書閲覧室で、一人の男によって始められました。この点、この男は行動の人ではありませんでしたが、暴力行為を引き起こすことができたのです。これまでの災難を作り上げたのは、臆病なブルジョアの奇人たち、カール・マルクスとジョルジュ・ソレルだったのです。現代の暴力思想の大部分は、自分自身はいかなる攻撃にも耐えられない男たちに由来するのです。

ウィルソン大統領の間違い

ウィルソンは、マンチェスター自由主義の理論を受け入れました。つまり、戦争に関して、民主主義国家は闘いを仕掛けたくはないのです。たとえ、自国が勝利するにしても、個々の国民にとって戦争により自らの境遇が改善されるわけではありません。従って、民主主義国家は防衛戦争だけを行うのです。しかし、ウィルソンは、自由貿易の世界でのみこれが通用することを理解していませんでした。彼の時代には、すでに状況は大きく変わっていたということに気付いていなかったのです。当時は介入主義の時代でした。経済政策は大きく変化し、マンチェスター自由主義者の理論から実行可能性が奪われました。一九一四年には、貿易障壁は比較的無害なものでしたが、国際連盟の時代には、ますます悪化してしまったのです。自由貿易主義者は、ジュネーブにある国際連盟の会議〔ジュネーブ世界経済会議[17]〕で、貿易障壁の削減について話し合っていたのに、本国の人々はそれを増大させていました。一九三三年、ロンドンで国家間の協力を呼び起こすための会議〔ロンドン通貨経済会議〕がありました。そしてまさに、その当時

訳注15　ホーエンツォレルン家は、プロイセン王やドイツ皇帝を輩出したヨーロッパ貴族の家系である。代表的な人物に、大王と称されるプロイセンのフリードリヒ二世（一七一二－一七八六）や初代ドイツ皇帝のヴィルヘルム一世（一七九七－一八八八）がいる。

訳注16　露仏同盟のこと。ロシアとフランスの間で一八九一年に政治協定、一八九二年に軍事協定が締結され、一八九四年に軍事同盟となる。その後、イギリスを加え、三国協商へと発展した。この三国協商に対して、ドイツ、オーストリア、イタリアからなる三国同盟が対立した。

訳注17　一九二七年五月にジュネーブで開催された国際会議。世界から、五〇カ国三五〇人余が参加し、保護貿易に向かっていた世界経済をいかに自由貿易に復帰させるかが話し合われた。

最も豊かな国家、すなわちアメリカ合衆国が、金融規制を用いてすべてを台無しにしたのです[18]。この後、その組織そのものは完全にガラクタになったのです。

リカードの比較優位論は、たとえ他のすべての国々が貿易障壁に固執するとしても、自由貿易の採用は、国家に利益をもたらすというものです。今日、もしアメリカだけが自由貿易を採用したとするなら、何かしらの変化が生じるかもしれません。しかし、他のすべての国々が輸入障壁を用いて保護貿易主義に固執したならば、アメリカが他の国々からより多くの財を購入することはできないでしょう。

孤立主義者は、この国だけでなく他の国々にも存在しています。輸入の代金は、輸出で支払われなければなりません。だから、輸出は、輸入の代金を支払う目的以上のものではないのです。従って、最も豊かで強力な国家だけで自由貿易を確立したとしても、たとえば、もしイタリア人が貿易障壁を保持したとするならば、彼らの状況を何も変化させないでしょうし、他の国にも何の影響も与えないでしょう。たとえ、他のすべての国々がそうでないとしても、自由貿易の採用はどの国々にとっても都合が良いのですが、問題は残りのすべての国々の障壁を取り除くことにあるのです。

社会主義と共産主義

「社会主義」は、それがまだ新しい言葉であった一八三〇年代の後半において、「共産主義」と完全に同じこと——生産手段の国有化——を意味していました。初めは「共産主義」の方がよく知られた言葉でした。ゆっくりと「共産主義」は忘れ去られ、「社会主義」という言葉がほぼ例外なく使用されるようになりました。

社会党や社会民主党が結成されましたが、それらの基本的なドグマは『共産党宣言』でした。一九一八年、レーニンは、自らの社会主義集団と、彼が「社会的反逆者」と呼ぶ集団とを区別するために、新しい言葉を必要としました。このような理由から、彼は「共産主義」という言葉に新しい意味を与えたのです。社会主義や共産主義の最終目標ではなく、その達成方法の違いを指摘するために、共産主義を用いたのです。スターリンになるまで、共産主義というのは、単により良い方法――革命を用いた方法――を意味したのですが、それは、「社会主義的反逆者」の平和的、社会主義的方法〔暴力ではなく民主主義的手段を通じて社会主義を実現すること〕と比較してのことなのです。

あまり上手くいったとは言えませんが、一九二〇年代の終わりに、スターリンは、第三インターナショナルにおいて「共産主義」という言葉に異なる意味を与えようと試みました。しかしながら、ロシアはいまだに、ソヴィエト社会主義共和国連邦（USSR）と呼ばれています。

紙の上で、カール・マルクスは、社会主義の二つの段階――低次の準備段階と高次の段階――を区別しました。しかし、マルクスはこれら二つの段階に異なる呼び名を与えませんでした。彼が言うには、高次の段階において「必要に応じて、皆に」という原則の確立が可能となるほど、あらゆるものが豊富に存在するようになるのです。スターリンはこれらを区別しましたが、その理由はロシア・ソヴィエトの構成員一人ひとりの生活水準には差があることに海外の批評家たちが気付いていたからでした。一九二〇年代末に、彼は低次の段階が「社会主義」であり、高次の段階が「共産主義」であると発表しました。要するに、低次の社会主義段階ではロシア・ソヴィエトの個々の構成員には不平等があるが、後の共産主義段階になって初めて平等が達成されると、彼は言い訳したかったのです。

訳注18　一九三一年九月にイギリスが金本位制から離脱したのを皮切りに、世界で金本位制から離脱する国が相次ぎ、最終的にアメリカも一九三三年四月に金本位制から離脱し、国際金本位制が崩壊した。一九三三年六月に開催されたロンドン通貨経済会議では、国際金本位制度の再建が話し合われた。国際金本位制の再建を目指すヨーロッパ諸国に対して、インフレによる不況対策を目論むルーズベルト大統領は、これを拒絶し、世界経済はブロック化が加速していく。

第5講義

5th LECTURE

マルクス主義と人類の管理

Marxism and the Manipulation of Man

無批判のマルクス主義哲学

社会制度そのものを攻撃するマルクス主義のような哲学が、何十年もの間ほとんど攻撃もされず、疑われもしなかったというのは、驚愕の事実です。カール・マルクスは、生前あまり有名ではありませんでした。それどころか、事実、彼の著作物は、同時代の人々の大部分に知られていなかったのです。当時の偉大な社会主義者と言えば、別の人物、たとえば、フェルディナント・ラッサールでした。ラッサールは私事のもつれから決闘で命を落としてしまい、彼の煽動はわずか一年しか続きませんでした。しかし、当時、彼は偉大な人物と見なされていたのです。他方で、マルクスはほとんど知られていませんでした。人々は、マルクスの理論を受け入れませんでしたし、批判もしませんでした。一八八三年に彼は亡くなり、それからカール・マルクスの経済理論に対するベーム＝バヴェルクの批判の第一部が現れました[※1]。その後、一八九〇年代に『資本論』の最終巻が出版されたとき、この批判の第二部が現れ、それがマルクスの経済理論を完全に葬り去りました[※2]。最も正統派のマルクス主義者は、マルクスの理論を蘇らせ、再述しようとしました。ですが、実際のところ、カール・マルクスの哲学理論に対する賢明な批判は、存在していなかったのです。

マルクスの哲学理論は、その用語やスローガン等々に人々が慣れ親しむようになったという点で、広がったと言えます。しかし、彼らは、マルクス体系で用いられたのとは異なるやり方で、それら用語を用いたのです。そのような単純化は、多くの理論で起こりました。たとえば、ダーウィン主義は、人間は類人猿の孫という考えを基礎とする理論として知られるようになりました。ニーチェに関して残されているものは「超人（スーパーマン）」という用語だけです。後に、それはニーチェと何の関係もないアメリカ合衆国で人気を博しました〔アメリカンヒーローであるスーパーマンのこと〕。マルクスに関して、人々は彼の用語を知ってはいましたが、とても大ざっぱに用いたのです。しかし、大抵の場合、マルクスの考えは、まったくと言っていいほど反対されなかったのです。

世間でマルクスの理論がそれほどまで薄められた理由の一つは、マルクスの理論を説明しようとしたエンゲルスのやり口にありました。マルクスの墓近くに刻まれている彼の言葉を見てください。「マルクスが発見したのは、これまでイデオロギーの繁茂の下に隠されていた、人類史の発展法則、すなわち、政治、科学、芸術、宗教などを追求する前に、人間はまず、食べ、飲み、住居と服を持たなければならないという単純な事実である[※3]」。まだ、このことを否定した人はいませんが、今日もし誰かがマルクス理論に対して何か言おうものなら、彼らは次のように言うでしょう。「哲学者になる前に、まず食べなければならないということを否定するとは、なんと愚かなのだ」と。

また一方で、物質的生産力の理論があります。しかし、誰もその形成を説明できないのです。弁証法的唯物主義の説明によると、物質的生産力は世界に現れ――それらがどのように現れるのか、どこに現れるかを誰も知りませんが――そして、この物質的生産力がそれ以外のあらゆるもの、すなわち上部構造を作り上げるのです。

教会や政府が反社会主義とは限らない

いくつかの教会とマルクス主義の間にはとても深刻な対立が続いていると考える人々もいます。彼らの考えでは、

※1　Eugen von Böhm-Bawerk, "The Exploitation Theory" in Capital and Interest, Vol. 1, *History and Critique of Interest Theories* (South Holland, Ill: Libertarian Press, 1959 [1884]), pp. 241-321.

※2　Eugen von Böhm-Bawerk, "The Unresolved Contradiction in the Economic Marxian System" *Shorter Classics of Eugen vonBöhm-Bawerk* (South Holland, Ill: Libertarian Press, 1962 [1896; Eng. Trans. 1898]), pp. 201-302.

※3　Friedrich Engels, "Speech at the Grave of Karl Marx," Highgate Cemetery, London, March 17, 1883 (a version of this eulogy was published in the newspaper *La Justice*, March 20, 1883).

マルクス主義や社会主義は、あらゆる教会や分派（sect）の教えと対立するのです。草創期の共産主義的分派や修道会は、概して聖書に、とりわけ使徒行伝〔新約聖書の一部で、初期の使徒たち、特にペテロとパウロの布教活動を描いたもの〕の独自解釈に基づいていました。私たちは、これらかつての共産主義的分派について十分に知っているわけではありませんが、それらは中世や宗教改革初期の時代にも存在しました。これら分派のすべては、国教として認められている教会や教派（denomination）の教義と対立しました。ですから、それら分派の責任をキリスト教会に負わせるのは、絶対に間違っているでしょう。私がこのことに言及したのは、少なくとも一部の集団（その多くを教会は異端と見なしましたが）の心の中には、社会主義と教会の教えとの間に決定的な対立などなかったということを示すためなのです。カール・マルクス以前の社会主義者たち、カール・マルクス自身、そして後のマルクス主義者たちの反キリスト教的な傾向は、第一に、後に近代社会主義を生み出す枠組み全体の中で理解されなければならないのです。

国家、政府、保守的な政党は、必ずしも社会主義と対立するわけではありません。反対に、政府職員は皆、政府権力の拡大を好む傾向を持っています。政府職員には、ますます多くの政府活動を選択する「職業病」があるとさえ言えるでしょう。まさにこの事実、社会主義を採用する政府のこの傾向――実際に多くの政府が社会主義を採用しました――のために、マルクス主義はいくつかの政府と対立したのです。

社会主義的なプロイセン政府

社会主義者に起こり得る最悪の出来事は、友好的でない社会主義者に自国が支配されることだと指摘したことがあります。これは、カール・マルクスとプロイセン政府に当てはまります。プロイセン政府は、社会主義に反対していなかったのです。フェルディナント・ラッサールは、プロイセンの自由主義政党を攻撃しましたが、当時、自由主義政党は、ビスマルクに率いられたホーエンツォレルン家諸侯と憲法に関して激しく争っていました[1]。当時、プロイセンの多数派は政府に反対しており、プロイセン議会で、政府は過半数を得ることができませんでした。当時、プロイセン政府はあまり強くなかったのです。国王と首相は、議会の同意を得ることなく、国家を支配していたのであり、これが一八六〇年代初頭の状態でした。プロイセン政府の弱さの実例として、伝記の中で、ビスマルクは自らと国王との会話を伝えています。ビスマルクは「私は議会や自由主義者たちを打ち負かすつもりです」と言いました。国王は「そうか。その後どうなるか当ててやろう。宮殿前の広場で、まず、彼らはお前を処刑するだろう。それから、私を処刑するのだ」と返答したのです。

ヴィクトリア女王（一八一九－一九〇一）は、彼女の最初の娘であるヴィクトリア（一八四〇－一九〇一）がプロイセンの王子と結婚したために、この事態をあまり好ましく思っていませんでした。彼女は、ホーエンツォレルン家は敗北すると確信していたのです。この危機的時期に、フェルディナント・ラッサールは、当時まだとても控えめで小さな労働運動を率いていましたが、ホーエンツォレルン家の政府に支援の手を差し伸べたのです。ラッサールとビスマルクは会談し、社会主義を「計画」しました。彼らが、国庫補助、生産協同組織、国有化、男子普通選挙などを持ち込んだのです。もっと後で、ビスマルクは、実際に社会立法計画を開始しました。マルクス主義者の最大のライバルは、プロイセン政府だったのです。だから、彼らは力の限り戦ったのです。

訳注1　プロイセン憲法紛争のこと。一八六〇年代、軍制改革に関して、プロイセン王のヴィルヘルム一世と首相のビスマルクは、当時の第一党であった自由主義的政党のドイツ進歩党と争っていたが、憲法をめぐる争議に変化した。

政府による教会の支配

次に、プロイセンでは、プロイセン教会（プロテスタント教会）は、内閣の一員――教育文化大臣――によって管理される、政府の一部門にすぎないことを理解しなければなりません。行政部の下位評議員の一人が、教会の諸問題に対処しました。この点で、教会は、国家教会（a state church）でしたし、それどころかその起源から国家教会だったのです。一八一七年まで、プロイセンには、ルター派とカルヴァン派が存在していました。ホーエンツォレルン家は、この事態を好ましく思っていませんでした。旧プロイセン領では、ルター派が多数派でした。しかし、新しく獲得した領土には、どちらのグループも存在していたのです。プロイセンの全住民の大多数はルター派だという事実にもかかわらず、ブランデンブルク選帝侯は、ルター派からカルヴァン派に改宗してしまいました[2]。ホーエンツォレルン家はカルヴァン派となりましたが、自らが治める国で彼らはルター派教会の長だったのです。その後、一八一七年にプロイセンのフリードリヒ・ヴィルヘルム三世の下で、二つの教会は合併させられ、プロイセン合同教会が設立されました。教会は、国家行政の一部門だったのです。

ロシアでは、一七世紀からずっと、教会は政府の一部門にすぎず、教会は独立していませんでした。教会が世俗権力に依存しているというのが、コンスタンチノープルにおける東方教会の特徴の一つだったのです。実際のところ、東ローマ帝国皇帝が総主教の上役でした。これと同じ制度が、ある程度ロシアに引き継がれました。だから、そこでは教会は政府の一部にすぎなかったのです。従って、もし教会を攻撃したとするならば、政府も攻撃したことになるのです。

危機的な問題を抱えている第三の国家は、イタリアでした。イタリアにおいて、国家統一というのは、法王が世俗支配から退くということを意味していたのです。一九世紀中頃まで、イタリア中央部は、法王が独自支配しており、一八六〇年、サルディーニャ国王が、これら諸州を征服しました。ローマに駐留していたフランス軍の保護の下、一八七〇年[3]まで教皇はローマだけは保持していました。しかし、同年フランス軍はプロイセンとの戦争のため引き上げねばならず、その結果、カトリック教会とイタリア世俗国家の間に激しい争いが生じたのです。[4]

何のための争いか

マルクス主義的宗教観に対する教会の戦いと、社会主義計画に対する教会の戦いは同じものではありません。今日では、ロシア教会、つまり東方正教会とボリシェヴィキは、見かけでは何らかの合意に達したという事実によって、より一層複雑になっています。[5]東側諸国の争いは、大抵の場合、東方教会と西方教会のいさかいであり、その争いは二つの教会の間で一〇〇〇年以上も前に始まっています。そのため、ロシアと鉄のカーテンと呼ばれる西側の境界

訳注2　ブランデンブルク選帝侯及びプロイセン公であるホーエンツォレルン家のヨーハン・ジギスムント（一五七二―一六一九）は、一六一三年、政治的理由によりルター派からカルヴァン派に改宗した。一五五五年のアウクスブルクの和議では、「領主の奉じる宗教がその国の宗教である」と定められたが、ブランデンブルク選帝侯国では、これに反して領民がルター派にとどまったため、以後、両派が存在する事態となった。

訳注3　本文では一八六〇年となっていたが、普仏戦争は一八七〇年に起こっているため修正した。

訳注4　イタリア王国のローマ教皇領占領のこと。一八七〇年九月にイタリア軍は教皇軍を破り、ローマを占領した。一八七一年にイタリア王国は首都をローマとし、イタリア統一がなされた。

訳注5　一九一七年のロシア革命以来、ソヴィエト政府はロシア教会（ロシア正教会）を弾圧したが、一九四一年のヒトラーの対ソ攻撃を受け、国民からの支持を得るために、融和へと政策転換した。なお翻訳の際、the Oriental Orthodox Churchを東方正教会と訳したことを記しておく。本来、東方正教会（the Eastern Orthodox Church）とは、ロシア正教会、ギリシャ正教会、グルジア正教会などの教会のことをいう。対して、the Oriental Orthodox Churchは東方諸教会と訳すべきで、それは非カルケドン派の諸教会（アルメニア使徒教会、コプト正教会、シリア正教会）のことをいう。東方正教会と東方諸教会等を合わせて、東方教会（the Eastern Church）という。しかし、ミーゼスは、本文でこれらを厳密に区別していないように思われるので、本文のように訳出した。

との間にある国々での紛争は、とても複雑化しているのです。それら紛争は、全体主義的経済体制に対する経済的自由のための戦いだけではなく、様々な民族、異なる言語集団の争いでもあるのです。たとえば、バルト諸国の諸民族のすべてをロシア人にしようとする現在のロシア政府の試み——それは、ツァーリによって始められたことの継続ですが——および、ポーランド、チェコスロバキア、ハンガリー等々で、よく言われているように、東方教会の信条に戻そうとするロシア教会の試みに対する争いを考えてみてください[6]。これら争いのすべてを理解するためには、これらの民族やこれら地域の宗教史に格別に精通する必要があるのです。

一六世紀と一七世紀に、ある変化が生じました。教皇の支配権が承認される領域が拡大したのです。その結果、そこには、ロシア教会、正教会と、教皇支配を承認するウクライナカトリック教会、ロシアカトリック教会が存在したのです。これらのことすべてが組み合わさって、東欧諸国の激しい宗教的争いが作り上げられたのです。しかしながら、この愛国主義的、そして宗教的な争いで生じる事象と社会主義との戦いとを混同してはなりません。たとえば、今日ロシア人と戦う政治家たちは、必ずしも自由経済体制を支持する戦士であるとは限りませんし、少なくとも多くの場合においてそうではないのです。彼らは、マルクス主義者であり、社会主義者なのです。彼らは、おそらく全体主義的警察国家を望んでいます。しかし、ロシア人に支配されたくはないのです。

この点から、マルクス主義の社会教説や社会計画に実質的な反対があるとは言えないのです。他方で、反マルクス主義、イデオロギー哲学、経済的自由主義の間には必ずしも繋がりがあるわけではないと理解することが重要なのです。

精神分析学とマルクス主義

哲学者のフリードリヒ・アルベルト・ランゲ（一八二八—一八七五）は、カール・マルクスと同時代のドイツ人の中でも、優れた人物の一人でした。彼は『マルクス主義の歴史』という有名な本を書きましたが、その本は長年、ドイツだけでなく英語圏の国々でも最良の哲学入門書の一つと考えられてきました。ランゲは社会主義者であり、社会主義についてまた別の本を書きました。その本で批判されたのは、マルクスではなく、むしろ唯物主義でした。マルクスの唯物主義は、どのような変化であれ、それ自体がすでに人間精神の産物であるものに遡るだけなので、極めて不完全な唯物主義なのです。

マルクス主義に対する批判は、時に大きく間違っていましたが、その事実を強調するのは重要です。典型的な事例を示したいと思います。それは、弁証法的唯物主義やマルクス主義をフロイト派精神分析学と同じグループに属するものと見なす、有名な反マルクス主義の傾向であります。私は精神分析医ではありませんから、一般的な唯物主義、特にマルクス主義的唯物主義とフロイト派精神分析学に何らかの関係があると信じている人々がいかに混乱しているかを、指摘するだけにとどめておきましょう。

ジークムント・フロイト（一八五六―一九三九）とヨーゼフ・ブロイアー（一八四二―一九二五）は、この思考方法そのものを作り上げました。[7]彼らが理論を発展させる以前、精神障害は肉体の病変によって引き起こされるというのは、大抵の場合、医者にとってまったく争う余地のない仮定でした。神経性、精神性の病気と呼ばれるものに罹ったとすれば、彼らはその状態を引き起こした何らかの肉体的要素を探しました。肉体を扱う医者の視点からすれば、

訳注6　信条（英語 Credo、ラテン語 Credo）とは、キリスト教において、信仰の普遍性や同一性を確認、共有するために教義を簡潔に要約したもので、儀式や礼拝などで用いられる。ここで述べられているのは、西方教会と東方教会が対立した原因の一つであるフェリオクエ問題であろう。フランク王国の教会は、ニカイア・コンスタンティノポリス信条に一部変更を加え、後にローマ教会（後の西方教会）がこれを追認した。これに対してコンスタンチノープル教会（後の東方教会）は、その変更は取り除かれるべきであると反発した。

訳注7　ジークムント・フロイトはオーストリアの神経学者、精神科医であり、ヨーゼフ・ブロイアーは、オーストリアの内科医、精神科医である。二人は、アンナ・Oとして有名な麻痺した女性患者の症例を一八九三年「暫定報告」で発表し、さらにそれを基に一八九五年『ヒステリー研究』を著わした。

これが唯一可能な解釈でした。それにもかかわらず、彼らがまったく正しいということもありましたが、それは彼らが「私たちには原因がわからない」と言ったからでした。彼らにできたのは、肉体的原因を探すことだけだったのです。多くの例がありますが、一つだけ引用したいと思います。フロイトとブロイアーの最初の本が出版されるわずか数年前、一八八九年にある事件が起こりました。フランスで、ある高名な人物が自殺したのです。政治や信仰上の理由で、彼が正気かどうかという問題が提起されました[8]。彼の家族は、精神疾患だと証明したいと考えました。教会に精神疾患だと証明するため、家族は何らかの肉体的原因を発見しなければなりませんでした。著名な医者によって検死解剖がなされ、そのレポートが公表されました。彼らによれば「我々は、脳にあるものを発見した。正常でないものがあった」のです。もしある人が他の人と同じように振る舞えない場合、もしくは肉体に異常状態の物理的痕跡がまったくない場合、その人は仮病を用いていると当時の人々は考えたのです。時にこれは不幸でした。というのも、死後はじめて、その人が仮病を用いていたのかどうかを知ることができたからです。この点で、精神分析学は大きな変化をもたらしたのです。マイヤーリンクで自殺したオーストリアのルドルフ皇太子（一八五八ー一八八九）の事件は、似たような問題を提起しました※4。

有名ではありますが、初めての症例は麻痺した女性のそれでした[9]。しかし、彼女の体から、彼女の状況を説明するものは何も見つけられませんでした。その症例は、あるラテン語詩人の助言に耳を傾けた人物によって書き上げられました。その助言とは、公表するまで、原稿と共に九年間待てというものでした。ブロイアーは、肉体的な欠陥の起源は身体的なものではなく、むしろ精神にあるという考えに至りました。これは、自然科学の領域での根本的な変化だったのです。そのような考えは、今まで一度も生じたことがありませんでした。——精神的要因、意見、迷信、作り話、間違った意見、その人が考えていること、その人が信じていることが、肉体に変化を引き起こし得るのです。それは、これまで自然科学が完全に否定し、異議を唱えてきたことだったのです。

フロイトはとても用心深く慎重な男でした。「私は古い理論を完全に覆した」とは言わず、「おそらく、はるか遠い未来のある日、思想というのは、前々からある何らかの物理的で外的な肉体要因のために生じることを、病理医が発見するでしょう。そうなれば、精神分析学はもはや必要なく、役に立たなくなるはずです。しかし、当面の間、ブロイアーと私の発見に一時的な価値があることを少なくとも認めねばなりません。そして、次のような唯物主義的命題、すなわち、肉体から尿が生み出されるのと同様に、どんな思想や思考も外的要因から生み出されるということを、現代科学の視点から裏付けるものなど何もないと認めなければならないでしょう」と言ったのです。精神分析は唯物主義と正反対のものです。それは、人体の実証研究から生じた唯物主義と唯心主義のどちらが正しいかという問題に対してなされた、唯一の貢献なのです。

一部の人々が精神分析を非難する方法について、議論しなければなりません。ある種の衝動、その中でも性的衝動が最も重要であると見なされていますが、その観点からすべてを説明しようとする精神分析医を擁護する気はありません。ボードレール[10]を論じる、フランスの書籍があります。ボードレールは浪費を好みましたが、生前に出版社が彼の詩を購入することはなかったので、彼にはお金がありませんでした。しかし、彼の母親がお金持ちでした。彼女はお金と結婚したのです。夫が亡くなり、彼女にお金を残しました。ボードレールは、母に向けて数多くの手紙を書

訳注８　ブーランジェ事件のことと思われる。フランスの軍人、政治家であるジョルジュ・ブーランジェ将軍は、フランスにおける反議会主義運動の中心人物として有名であった。大衆は、ブーランジェにクーデタを期待したが、一八八九年、彼はベルギーに逃亡した。一八九一年、彼は愛人の墓の前で拳銃自殺した。ここで、自殺が問題となる宗教的理由は、カトリックでは自殺が禁止されていたからであろう。

※４　オーストリア学派の創設者であるカール・メンガーは、ルドルフの家庭教師の一人を務めた。Erich W. Streissler and Monika Streissler, eds. *Carl Menger's Lectures to Crown Prince Rudolf of Austria* (Brookfield, Vt.: Edward Elgar, 1994). を見よ。

訳注９　アンナ・Ｏの症例のこと。ブロイアーはアンナ・Ｏことベルタ・ハッペンハイムを一八八〇年末から一八八二年六月まで治療した。この症例は、精神療法がはじめて用いられた最初の実例として広く知られている。

訳注10　シャルル・ボードレール（一八二一－一八六七）は、フランスの詩人。

きました。この本の執筆者は、その手紙に関する様々な潜在意識的理由〔おそらく母への幼児性欲のことと思われる〕を見出しましたが、私はこの試みを擁護する気はありません。ボードレールがお金を欲したということ以上に、彼の手紙に関する説明は存在しないのです。

フロイトは、社会主義について何も分からないと言っています。この点に関して、彼はアインシュタイン（一八七九ー一九五五）とまったく違いました。彼は「私は経済学について何もわからないが、社会主義はとても素晴らしい」と言ったのです。

オーギュスト・コントとマルクス主義

マルクス主義がどのように現代の主要哲学になったかを明らかにするなら、実証主義とオーギュスト・コントの学派について触れなければなりません[11]。コントはマルクスとよく似た社会主義者でした。若い頃、オーギュスト・コントはサン＝シモンの秘書でした。サン＝シモンは全体主義者であり、世界評議会を用いて全世界を支配したいと考えたのです。もちろん、彼は自分自身がその世界評議会の議長であると信じていました[12]。世界史についてのコントの考えによれば、過去の時代には真理の探究が必要でした。「しかし今や、私、オーギュスト・コントが真理を発見したのだ。だから、もはや思想の自由や出版の自由などまったく必要ないのである。私は国家全体を支配、組織したいのだ」。

極めて興味深いことですが、太古の昔より存在するに違いないと勘違いしてしまうほど、今日よく知られている言葉の起源を追跡してみましょう。フランスにおいて「組織する」や「組織者」という言葉は、一八世紀末もしくは一九世紀初頭以前には、知られていなかったのです[13]。この「組織する」という用語に関して、バルザック（一七九九ー一八五〇）[14]は「これは、ナポレオンを連想させる新しい言葉だ。この言葉には、あなた一人だけが独裁者で大工が石材を扱うように個人を扱える、という意味がある」と述べています。

もう一つの新しい言葉「社会工学」は、社会構造を扱います。大工の棟梁がレンガを扱うのと同じ様に、社会工学者は社会構造や同胞を扱うのです。このように考え、ボリシェヴィキは役に立たない人々を抹殺します。「社会工学」という用語の中で、人は設計思想、社会主義思想を持つのです。今日、社会主義には数多くの名称があります。もしある事象が広く普及しているのなら、言語にはそれを示す数多くの表現があるのです。これら計画者が自分の思想を守るために言ったことですが、人は誰でも計画しなければならないし、物事を「自動的」に行わせることなどできないのです。

「自動的」という言葉は、市場現象の説明で、比喩として使用される場合もあります。生産物の供給が減少すれば、価格は「自動的」に上昇すると言われます。しかし、人間の意識なくして、つまり、人々が値付けしたり、売り出したりすることなく、価格が変動するわけではありません。価格が上昇するのは、人々がこれを獲得したいと切望するからです。経済システムの中で、「自動的」に生じることなど何もありません。どんなことであれ、何者かが一定の方法で行動するから生じるのです。

訳注11　実証主義は、コントによって『実証哲学講義』の中で確立された。実証主義とは、自然科学的方法を用いて人間社会を分析しようとする立場である。

訳注12　サン＝シモンは次のように書いている。「誰か偉大な力を身につけた人間がこの宗教の開祖となるであろう。彼は報酬としてすべての会議に出入りする権利と、すべての会議に議長たる権利とを持つであろう。しかもこの権利は終身のものであり、死んではニュートンの墓に葬られるであろう」（『ジュネーブ人の手紙』大塚幸男訳、日本評論社、一九四八年、九〇頁）

訳注13　サン＝シモンやコントは、社会を組織するための数多くの論考を発表した。彼らは、一八一九年に『組織者（L' Organisateur）』（一八一九―一八二〇）という雑誌を立ち上げた。また、サン＝シモン『ジュネーブ人の手紙』（一八〇三）、やコント「社会組織に必要な科学的作業のプラン」（一八二二）なども参照のこと。

訳注14　オノレ・ド・バルザックは、一九世紀フランスの小説家。

おまけに、計画者は「無計画が良いなんて、なんと愚かなのだ」と言ったりもします。しかし、無計画を支持する人などいません。問題は「計画するか、しないか」ではなく、「誰の計画なのか。一人の独裁者だけの計画なのか。それとも多くの個人の計画なのか」ということにあるのです。人は誰でも計画します。仕事に行くこと、帰宅すること、読書を計画します。人は何千もの物事を計画するのです。「偉大」な計画は他のすべての人の計画を抹殺し、その結果、一つの計画だけが至上となるのです。もしその「偉大」な計画と個々人の諸計画が対立するならば、誰の計画が最高のものとされるのでしょうか。誰が決定するのでしょうか。警察です！　彼らが「偉大」な計画を決定するのです。

人類をいかに管理するか

社会主義が現れて間もない頃、社会主義を批判する人たちの一部は、人間性について無知であるという理由で、社会主義者たちを頻繁に非難していました。赤の他人の計画だけを遂行する人は、もはや私たちが人間と呼ぶような性質の人ではありません。この異議に対して、社会主義者から次のような反論がなされました。「人間性と社会主義とがぶつかるなら、人間性を変化させなければならない」と。何年も前から、カール・カウツキーはこのように言っていましたが、彼はそれについて何の具体案も述べませんでした。

行動主義[15]とイワン・パブロフ（一八四九―一九三六）[16]が、その詳細を説明しました。彼は、マルクス主義者から様々な本で言及される生理学者です。パブロフの条件反射が、その答えなのです。パブロフは皇帝を支持しており、皇帝の時代に彼は実験を行いました。人権の代わりに、パブロフの犬には、犬の権利があり、これが教育の未来なのです。

行動主義哲学に従えば、まるで人間には考えも誤りもないかのように一人ひとりを扱わなくてはなりません。行動主義において、人間行為のすべては刺激に対する反応だと考えられます。肉体的、生理的な性質に関することは、すべて特定の反射神経に対する反応なのです。彼らは、「人間は、動物と同じ領域に属している。どこが違うのか。所定の反射神経と本能が人間を所定の結果へと導くのだ。所定の刺激が所定の反応を引き起こすのだ」と言います。行動主義者やマルクス主義者は理解していませんでしたが、個人の刺激に対する意味づけを考察しないのであれば、そのような刺激の理論を疑うことさえできないのです。主婦がお目当てのものを値踏みする際、六ドルのときと五ドルのときでは反応は異なります。その意味を考察することなく、刺激を判定することなどできません。そして、その意味そのものが、思考なのです。

行動主義者たちは、「我々は、その他の人々を条件づける」と提言します。しかし「我々」というのは誰なのでしょうか。「その他の人々」というのも誰なのでしょうか。彼らが言うには「今日、資本主義のために、人々は、歴史、善人、悪人、教会等々、多くの物事によって条件づけられている」のです。

マルクス主義の嘘の力

この哲学は、すでに見てきた答え以上のものを与えてはくれません。この哲学思想そのものは、カール・マルクスは類まれなる才能を持っていたので、――彼は、神意、つまり物質的生産力から、歴史の発展法則の発見を委ねられたので――彼が言ったことを受け入れなければならないというものにすぎないのです。彼は、歴史が人類を導いていく

訳注15　行動主義については、第1講義の訳注4を見よ。
訳注16　イワン・パブロフは、ロシア帝国、ソヴィエト連邦の生理学者。パブロフは犬を用いた実験により条件反射を発見した。犬にベルを鳴らして、餌を与えることを繰り返したところ、犬はベルの音を聞くだけで唾液がでるようになったという。これがいわゆるパブロフの犬である。

終点を知っているのです。結局のところ、これは次のような思想、すなわち軍事力で他のすべてを打ち負かした党派、派閥、徒党が「正しい支配者」であり、「正しい支配者」は物質的生産力によって他のすべての人々を「条件づける」ために召喚されるという思想を受け入るることを意味するのです。奇妙なことに、この哲学を発達させた学派は、自らを「リベラル」と呼んだり、その体系を「人民の民主主義」「真の民主主義」などと呼んだりします。これもまた、おかしなことですが、ある日、アメリカ合衆国の副大統領（ヘンリー・ウォレス、一八八八－一九六五）が「我々アメリカ合衆国には、公民権民主主義があるだけだが――しかしロシアには、経済的民主主義がある」と断言したのです。

初期の頃に、ボリシェヴィキに高く評価された社会主義著述家がいました。彼が言うには、世界で最も強力な人間は、その人に有利な大嘘が信じられている人物なのです（ヒトラーも似たようなことを言いました）。ここに、この思想の力があるのです。ロシア人には「我々は社会的に平等だ。我々の体制下において、人民は幸福で充実した生活を享受している」と言い切る力があります。そして、他の諸国民はこの思想に対する正しい答えを見つけることができないのです。もし彼らが正しい答えを見つけていたとすれば、この思想はそれほど普及していなかったはずです。

ここアメリカ合衆国で生活している人たち、アメリカの生活水準にある人たちは、自分たちは幸せではないと思っています。その理由を聞いてみますと、ソヴィエト・ロシアで生活していないからであり、そこには階級のない社会が存在し、すべてがここよりも良いからだと答えます。しかし、ロシアで生活することは、物質的な観点からだけでなく、個人の自由の観点から見ても、決して愉快なことではないでしょう。もしかすると皆様方は、「ロシアにいる人々は、すべてが素晴らしいなどと言えるはずがないでしょう。だってその国では、おそらく何も素晴らしくないのですよね」と質問されるかもしれません。それに対して、次のように答えなければならないでしょう。「ここ三世代にわたって、弁証法的唯物主義の考え方の矛盾や欠陥を覆すことができなかったからです」と。

嘘つきマルクス主義との戦い方

今日、世界で最も力を持っている哲学は、弁証法的唯物主義――我々が社会主義へと前進するのは不可避であるという思想です。これまでに著わされた書物は、この見解を反証することに成功していません。私たちは、新しい書物を記さなければなりませんし、この問題について考えなければなりません。思想こそが、人間と動物とを分けるのです。これこそが、人間の性質なのです。しかし、社会主義者の考え方に従えば、考える機会は政治局（Politburo）だけに保持されるべきであり、その他すべての人々は政治局が命令したことだけを実行すべきなのです。

哲学の領域で戦わないのであれば、ある哲学を打ち負かすことなどできません。アメリカ的思考の大きな欠点の一つ――また、この問題に結論が下される場所は、モスクワではなくここアメリカであるという理由で、この国は世界で最も重要であります――は、これら哲学や本に記されていることのすべてはあまり重要ではなく価値がないと人々が思っていることなのです。つまり、彼らは思想の重要性やその力を過小評価しているのです。しかし、世界で思想以上に重要なものは存在しません。この大きな闘争の結果を左右するのは、思想の他にはないのです。思想以外のものがこの戦いの結果を左右すると信じるのは、大きな間違いなのです。

他のすべてのマルクス主義者も同様ですが、ロシアのマルクス主義者は、農業国有化の思想を持っていました[17]。つまり、理論家たちは農場を国有化すべきと考えたのです。しかし、個々の労働者はそのように考えませんでした。彼らは、巨大な農場を押収して、それらを解体し、小農民に分配すべきと考えたのです。これは「農地改革（agrarian reform）」と呼ばれていました。社会革命党〔エスエル党〕が、農場を貧しい小作農に分配すべきと考えていたのです。一九一七年に、レーニンは「その日のスローガンで革命を起こす〔その時の情勢に応じてスローガンを使い分けなさいという意味〕」という新しいスローガンを作りました。その結果、ロシアのマルクス主義者たちは、マルクス主義に反するものを受け入れ、そうしてから、農地の国有化を開始したのです。次に、彼らが支配権を得た新しい国家で、このやり方を採用しました。彼らは、誰に対しても、自分自身の農場を持てるようになると言ったのです。

彼らは、この計画を中国で開始しました[18]。中国で、彼らは巨大農場を押収し、不動産銀行と地主の権利を廃止し、地主に対するあらゆる支払から借地人を解放しました。だから、中国の小作人を共産主義者に変えたのは哲学体系ではなく、より良い生活への約束だったのです。人々は、裕福な人々が当時まで所有していた土地を得ることができるなら、自分たちの状況は改善されるだろうと考えていました。しかし、これは中国の問題に対する解決策ではありませんでした。この計画の支持者は、農地改革者と呼ばれました。彼らはマルクス主義者ではありませんでした。土地分配の思想は、まったくマルクス主義的ではないのです。

【質疑応答でのコメント】

多数派も神ではありません。「大衆の声は、神の声」とドイツの古い格言にありますが、間違いです。多数派が喜ぶことを取り上げるという考え方の基礎には、長い目で見れば、多数派は少数派の支配に寛容でなく、もし多数派が満足しなければ、暴力革命が生じ政府が転覆するという考えがあるのです。代議制は、過激な制度ではありません。それはまさに、暴力なしで政府を交代させる方法なのです。多くの人々は、大衆の承認によって、次の選挙で政府を交代させられると信じています。多数決は、公正な制度ではありませんが、国内に平和を保証する制度なのです。新聞、雑誌、書籍などが、世論形成の機関です。

代議政治に至ったことは、近代の偉大な進歩でしょう。この思想の先駆者は、デイビッド・ヒューム（一七一一ー

訳注17　この段落で述べられているのは、レーニン率いるボリシェヴィキは政権奪取の際に、自らの考えとは違う主張を掲げ、国民を騙したということである（以下で説明されるロシア革命時の出来事の日付については、当時ロシアで採用されていたユリウス暦を用いている）。

一九一七年四月にレーニンが発表したテーゼ（四月テーゼ）において、「国内すべての土地を国有化し、土地の処理を地区の雇農・農民代表ソヴェトにゆだねること」とされた（「現在の革命におけるプロレタリアートの任務について」『レーニン全集第二四巻』大月書店、一九五七年）。

一九一七年七月初頭に起こった暴動（七月蜂起）が鎮圧されると、ボリシェヴィキ勢力は衰え、同月に発表された「スローガンについて」において、レーニンは四月テーゼを取り下げることを表明した。

一九一七年一〇月二五日に始まる一〇月革命において、ボリシェヴィキは政権を奪取するが、その際に採択された「土地についての布告」は、レーニン自らが「自分の言葉を一言も挿入せず、エスエルがエスエルの新聞に公表した農民の要望書を、一語一語書き写した」と述べているように、農村から多くの支持を得ていた社会革命党（エスエル党）の要求に基づくものであった（「憲法制定議会の選挙とプロレタリアートの独裁」『レーニン全集第三〇巻』大月書店、一九五八年）。この布告によって、ツァーリの一族、貴族、大地主、僧院、教会等々の所有する土地が農民に解放された。しかし、この布告は、レーニンの望んだ政策ではなかった。レーニンは後年、次のように述べている。「われわれボリシェヴィキは、土地社会化法令に反対であった。だが、それにもかかわらず、……署名した。なぜなら、われわれは大多数の農民の意志にさからいたくなかったからである。……われわれは、勤労農民が均分（土地の）はたわごとだということを、自ら自身の辛苦で、自分自身の体験で知る方がいいだろうと考えた。……活路は土地の共同耕作にのみある。……だからわれわれは、そこに活路のないことを知ってはいたが、土地の分割を援助したのである」（「モスクワ地方貧農委員会の代表にたいする演説」『レーニン全集第二八巻』大月書店、一九五八年）。

以上のように、「土地についての布告」で農民は自らの土地を得ることが認められたが、最終的に農地は国有化されることとなる。一九一八年五月には食料独占令が公布され、食料人民委員会による強制的な穀物の摘発が行われた。一九二一年からのネップ（新経済政策）で、社会主義化は一時後退したものの、一九二九年からスターリンによって、富農撲滅運動と農業集団化がすすめられた。これにより、各地の豊農（クラーク）は殺害（もしくは北極圏への強制移住）され、農民は土地を没収されたうえで「集団農場（コルホーズ）」に集められることとなった。

訳注18　中国共産党は、一九五〇年六月「土地改革法」によって地主制度を一掃し、農民に土地を分配した。しかし、本書のもととなった一九五二年六月のミーゼスの講演の後、一九五三年の「第一次五カ年計画」、一九五八年の「大躍進政策」によって、農業は集団化、公営化されることとなった。

一七七六)[※5]です。彼が指摘するに、長い目で見れば、政府は、人々が信じているような軍事的な力ではなく、多数派の意見に基礎づけられるのです。必要なことは、多数派を納得させることなのです。多数派がいつも正しいわけではありません。反対に、多数派は頻繁に間違えると言えるでしょう。しかし、もし皆様方が政府の暴力的転覆を望まないのであれば、もしくは、皆様方が少数派であるならば(少数派は政府に潰されてしまうので、いずれにせよ暴力的転覆は不可能なのです)、人々に対して何度も話しかけ、執筆するしかないのです。

※5　David Hume, "Of the Frist Principles of Government," Chapter 4, in Eugene F. Miller, ed. *Essay, Moral, Political, and Literary,* (Indianapolis: Liberty Fund, 1987)

6th LECTURE

第6講義

The Making of Modern Civilization:
Savings, Investment, and Economic Calculation

現代文明成功の理由：貯蓄、投資、経済計算

制度主義※1に属する人たちは、古典派経済学者たちをよく嘲笑っていました。というのも、彼らは「クルーソー経済[1]」から議論を始めたからです。まず釣り人は、自らが必要とするよりも多くの魚を一日で捕まえられる方法を思いつき、その結果、漁網を生産する時間を獲得しました。この漁網と蓄えられた魚が「資本財」です。ですが、私はこれらを「資本」とは呼びません。

資本財と資本

資本財は、天から与えられた自然的生産要素と消費財との間にある中間要素です。自然資源と人間の労働は、天から与えられた自然的要素です。しかし、それらが経済的価値を生み出すためには、上手く用いられなくてはなりません。生産された要素、つまり中間生産要素（資本財）は、道具だけではありません。その中には、道具以外のすべての中間財、半製品に加えて、資本財を用いて生産を行う人々を支える消費財まで含まれるのです。今日、私たちが組織、運用している生産プロセスは、歴史のはじまり、はるか昔に開始されました。両親によって作り出された漁網や魚を、子供たちが使い果たしてしまったとしたら、資本蓄積は最初からやり直さなければならなかったことでしょう。人類の歴史は、簡素な状態から洗練された状態へと継続的に発展し続けていますが、このことを認識するのは重要です。というのも、はるか昔から今日に至るまで、資本財を用いて生産を行う今日の制度に向けた最初の一歩が貯蓄であり、それ以来貯蓄し続けることで前進してきた、ということを認識しなければならないからです。

「資本」は、「資本財」の概念から区別されなくてはなりません。資本計算という複雑な近代制度の中で発達した諸概念を用いることなく、資本財の問題を扱うことなどできないのです。資本財とは、物質的なもの——物理的、化学的な観点から説明できるものです。「資本」の概念は、これら資本財の貨幣での評価に関係するものです。このような貨幣を用いた資本財の評価こそが、外的制約を改変するという人類の諸挑戦の中で、いわゆる新しく高度な時代の始まりを告げるものなのです。問題は、利用できる資本総量をいかに維持するかであり、資本財の取り換えをなくすために資本財の消費をいかに回避するかであるのです。それは、いかに消費を抑えるか、またできるならば、新規に生み出される生産物の総量以下に、いかに消費を抑えるかということでもあります。資本の問題は、まさに利用できる資本の維持であり、増加なのです。

ある状況下では、特別な計算がまったくなかったとしても、この問題に取り組むことが可能です。農家が同じ方法で生産を続けたり、あるいは建築や生活の仕方が変わらなかったりするならば、自らの状況を推測するのは簡単です。というのも、物理学的、生物学的な観点から比較できるからです。たとえば、二棟の納屋は一棟の納屋よりも多いですし、一ダースの畜牛は二頭の乳牛よりも多いでしょう。しかし、変化、進歩する経済システムでは、その様な単純な計算方法では不十分です。更新される設備は、使い果たされたものと同じではないかもしれません。たとえば、スチームエンジンの代わりにディーゼルエンジンが用いられるかもしれないのです。そのような状況下で資本を更新したり維持したりするには、貨幣を用いて初めて可能となる計算方法が必要なのです。種々の物理的、現象的な生産要

※1　個々の人間の行為よりもむしろ経済領域内部の社会的、歴史的、そして制度的要素を強調する学派。

訳注1　一七一九年イギリスで出版されたデフォーの寓話『ロビンソン・クルーソー』から名付けられた経済モデルのこと。寓話の中でクルーソーは、一人絶海の孤島に流され、自給自足の生活を営む。孤島では、市場経済と異なり、クルーソーだけが、「生産」「消費」「貯蓄」「投資」という経済活動のすべての主体であり、複雑な経済を大幅に抽象化できる。そのため、クルーソー経済モデルは、古典派から現代の経済学者に至るまで好んで用いられる。本文でミーゼスは、貯蓄がなければ資本財を生産できないということを認識するには、クルーソー経済は有効だと一部評価している。ただし、「資本財」はあくまで「資本財」であって「資本」ではない。あらゆる経済活動を一人の個人が行い、他者との交換が必要ない経済、すなわちクルーソー経済の特徴として、貨幣が存在しないことがあげられる。『ヒューマン・アクション』において、ミーゼスはクルーソー経済においても資本があるとする見解を否定したが、それは貨幣がなければ、資本財の貨幣評価である「資本」もないからだ。ミーゼスにとって、「資本」とは、複雑な分業からなる現代の生産システムを支える「経済計算」のための不可欠な精神的用具であり、だからこそ「資本」と「資本財」の区別を繰り返し訴えるのである。

素は、それらが人に与える有用性の観点から貨幣を用いて計算する以外、比較のしようがないのです。

価格なしでは計算できない

アリストテレスの間違いの一つは、取引の際、交換されるものは同じ価値がなければならないと信じたことにあります[2]。アリストテレスの時代以降、二、三千年もの間、同じ過ちが何度も繰り返されました。第一級の偉大な思想家も、無知な人々と同様に間違えたのです。それと同じ過ちは、マルクスの『資本論』の冒頭にも表れており、その結果、これら問題に関するマルクスの議論は、まったく無意味なものになりました。それどころか、近年、フランスの偉大な哲学者アンリ・ベルクソン（一八五九－一九四一）の著作でも、同じ間違いが繰り返されました。

交換の際、それぞれの価値が等しいわけではありません。むしろ反対に、価値の違いこそが交換を引き起こすのです。交換や取引関係を等価と見なすことなどできません。評価に違いがあるにすぎないのです。買い手は手放すものよりも得るものを高く評価しているのであり、売り手は得るものより手放すものを低く評価しているのです。この世界では種々の資本財の重要性を明らかにするのに等価が用いられていますが、それは価格を用いてしか表すことができないのです。価格を用いて計算することで、価格体系が確立でき、ある価格が上昇するか下落するかを明らかにできるのです。価格体系がなければ、どんな計算もあり得ません。社会主義制度では、市場経済のように価格体系を得られず、計算できないのです。

資本、所得、損益の概念と経済計算

経済計算のシステムの中に、「資本」や「所得」という用語があるのです。このシステムの外で、これら用語や概念を考えることなどできません。「資本」とは、ある一定の所与の資本財に対する市場価格の総額です。事業家は、特定の方法に従って経済計算を行いますが、この経済計算のシステムがなければ、彼は経営できなかったでしょう。事業の最初の時点で、彼は自らが自由に使えるすべての資本財の総価額を算定し、それを彼の「資本」、会社や企業の「資本」と見なします。定期的に、彼は企業にある利用可能なすべての資本財の価額と開始時の資本財の価額とを比較します。もし増加していれば、それを「利益」と呼び、減少していれば「損失」と呼ぶのです。行なってきたことが、利用可能な資本を増加させたのか、それとも減少させたのかを算定するシステムは他にありません。別の視点では、「利益」と呼ばれる総余剰——法人であれ個人であれ——は、利用可能な資本量を減らすことなく、もしくは将来につけを回すことなく、オーナーがこのすべてを消費してしまえる場合に限り、「所得」と呼ぶこともできます。このように、この経済計算のシステムの中で初めて、「資本」や「所得」という概念が現れたのです。

仮に「所得」のすべてが消費されたとすると、その場合、企業が利用できる資本量に変化はありません。もし一部が貯蓄（すなわち消費ではなく再投資）されたとするならば——つまり、企業で使用できる資本財ストックの拡大のために使われたとするならば——その場合、追加資本が蓄積され、企業はいくらかの「所得」を得ていたことになるのです。反対に、もしオーナーによる消費総額が所得を超えるのならば、その場合には、資本の消費、つまり資本の減少が引き起こされ、将来の消費財生産に利用できる資本は少なくなるでしょう。

訳注2　アリストテレスの『ニコマコス倫理学』では、交換の正義として等価交換が論じられている。

古代ギリシャ人や古代ローマ人がこれに関してどのくらい知識を持っていたかに深入りしたくはありませんが、少なくとも彼らはいくらかの知識を持っていました。しかし、中世には完全に消えてしまいました。中世の状況下では、そのような計算は必要ありませんでした。中世後半、他の国々よりも経済が進んでいた国々、たとえばイタリアで、そのような計算はゆっくりと発達しました。結果として、いくつかの基本的な会計用語、たとえば「資本」という言葉自体も、イタリア語の原形を保っているのです。

当初、会計用語ははっきりとしたものではなく、人々は数字に強くもありませんでした。一五世紀の大きな商会の帳簿にさえ、ひどく未熟な計算間違いがあったのです。ゆっくりとではありますが、複式簿記の発達とともに、これら知識はますます発達していきました。今や、私たちの思考は、完全にこの知識に影響を受けています。会計問題について何も知らない人々や、企業の貸借対照表を解釈する立場にない人々までもが影響を受けています。会計士や帳簿係は、あらゆる物質的、外的問題を扱うこの根本手段に従事する雑用係にすぎません。しかしながら、この問題は、会計士や帳簿係以外の人々にも関係があるのです。偉大なる詩人であり、科学者であり、進化論の先駆者でもあるゲーテは、商人の複式簿記を「人間精神の最も素晴らしい発明の一つ[3]」と説明しました。ゲーテの認識では、この知識は生産と行為に関する近代制度の基礎であり、人々があらゆる問題に対処するための実践的な数学、論理学の一種なのです。

現代税法の間違い

現代では、世論や立法の中で、この問題はまったく理解されていませんが、その原因は近代所得税法にあります。そもそも、所得税に関する法律において、給与や賃金は「所得」もしくは「勤労所得」と呼ばれています。しかしながら、経済的意味における「所得」の主要な特性は、資本を減らすことなく、すなわち将来につけを回すことなく、事業費用を超える余剰を消費できることにあるのであって、将来生産のための好機を損なうことなく、「所得」を消費できるわけではないのです。「資本」や「所得」の概念は、経済計算のシステムの中で初めて意味を持つのです[4]。

その上、この所得税法は、まるで給与であるかのように「利益」を扱っています。企業には利益の上がらない年もあると聞くと、所得税の立案者たちはとても驚くのです。彼らは、企業にとって良い年もあれば、悪い年もあるということを認識していないのです。一つの帰結でありますが、一九三〇年代初頭の不況期、人々は頻繁に愚痴を言って

訳注3　ゲーテの小説『ヴィルヘルム・マイスターの修業時代』（一七九六）の中の登場人物によって語られる。

訳注4　ミーゼスの資本や所得の概念は、独自のものであるため、図を用いて説明を加えたい。ここで述べられているミーゼスの資本とは、図の「①資本」に示されるように、事業開始時の資産の貨幣総額を示す。これは、事業開始時の自己資本と他人資本を合わせたものでもある。事業者は、これら資本を用いて生産活動を行う。生産活動の際、資本を減少させる要因の一つ目が、労働者への給与支払いであり、二つ目が、資本財の減耗である。このように事業者は、労働力と資本財を用いて、商品を生産し、それを販売して売上金を得ることで、企業の資産を増加させようとする。もし、事業家の試みが成功し、資産が増加していれば、この増加部分が図にある「②利益」と呼ばれるものにあたる。ミーゼスは、この利益を所得と呼ぶのである。

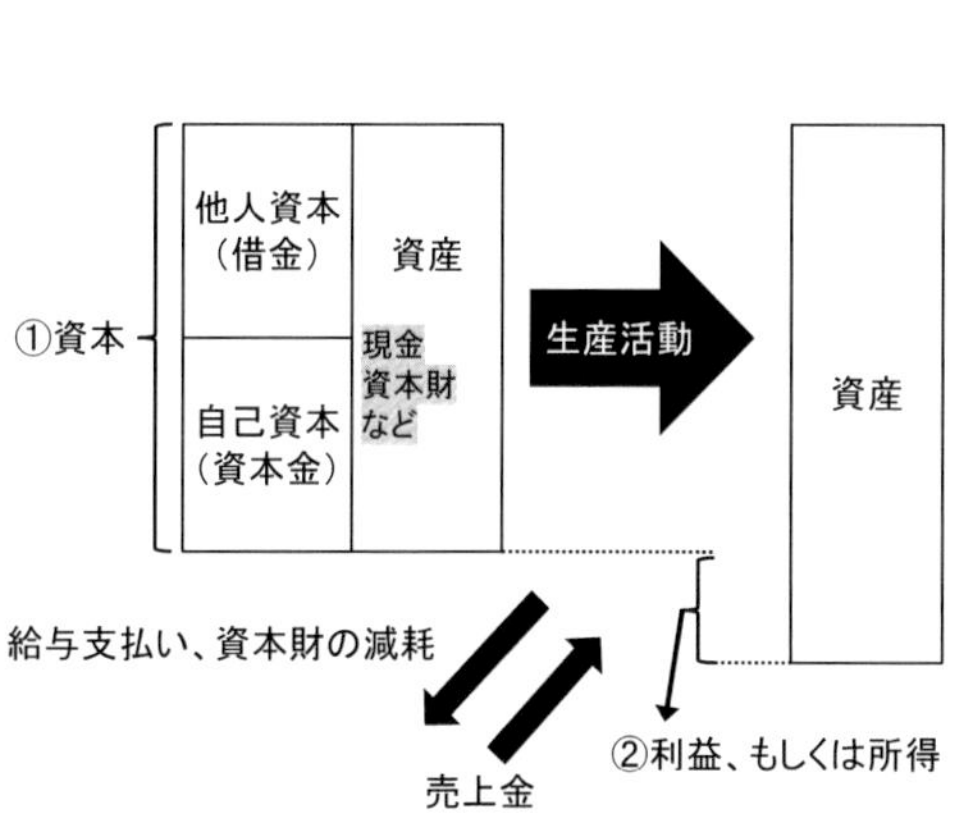

図：ミーゼスの資本、所得の概念

いました。「世の中にこんな理不尽なことがあるのか。今年、巨大な工場の所有者は所得税を少しも納めないのに、一方で、月に三〇〇ドルしか稼げない人が納税しなくてはならないなんて」と。法律の観点から、それは不当ではありません。その年、大きな工場の所有者は所得がなかったのです。

所得税法の起草者たちは、経済システムにおける「資本」や「所得」の本当の意味をまるで分かっていませんでした。彼らは、次のことを理解していません。大きな利益や大きな所得の大部分は、事業家に浪費されるのではなく、むしろ資本財に再投資され、生産増加に向けて企業に再度投じられるのです。まさにこれによって、経済は進歩し、物的条件が改善されたのです。幸いなことに、所得税法やこの法律の原因となった心的態度のどちらも取り扱う必要はないでしょう。個々の労働者の観点から考えた場合、支出に使われる所得にだけ課税し、貯蓄、再投資に使われる所得には課税しない、いのが理にかなっている、と言うだけで十分です。

人々の多くは、晩年に生計を立てたり、少なくとも全盛期のように稼いだりすることは難しいのです。簡単に理解するには、わずか数年という限られた期間に大金を稼ぐ歌手を考えてみてください。

貯蓄は経済発展の基礎である

次の考え方を論じなければなりません。それは、一般的な状況においても、特殊な状況においても、貯蓄はおそらく国民福祉にとって悪いものであり、だから貯蓄を制限したり、特殊な用途に貯蓄を振り向けたりするために、何かがなされるべきだというものです。実際のところ、誰も否定できないでしょうが、かつての状況と現代のそれとの決定的な違いが、物的進歩であります。しかし、その物的進歩というのは、より多くのものが貯蓄され資本財として蓄積されてきたにすぎないのです。これが、たとえば、アメリカとインド、中国とを分けるものなのです。重要な違いというのは、時間の差だけであります。彼らにとって遅すぎるということはありません。私たちは、早い段階で、消費を超える生産の一部を貯蓄することから始めたにすぎないのです。

国家の発展にとって最も重要な制度的要因として、大規模貯蓄を可能とする統治機構や法制度の確立があげられます。ある人がより多くを所有するなら他の人々は必ず困窮する、と政府が考える国々では絶対に大規模貯蓄は不可能なのです。かつては、誰もがこのように考えていました。現代でも、西洋文明に属さない多くの国々ではそう考えられています。目下のところ、この考えによって、西洋文明は危機に晒されています。西洋文明の発展を可能にした基盤に、これまでと異なる統治原理が持ち込まれているのです。それはまた、近代資本主義が勃興する以前、つまり不適切にも「産業革命」と呼ばれる時代以前に、ヨーロッパの大部分の国々に広まっていた考え方でもあるのです。

この考え方がどのくらい強かったのかを示すのに、最も重要な哲学者の一人、ドイツ東部、当時ケーニヒスベルクと呼ばれていたカリーニングラードに住んでいたイマヌエル・カント（一七二四－一八〇四）から引用しましょう。「ある人が必要以上に所有すれば、別の人はわずかにしか所有できない」。もちろん数学としては、まったくの正論です。しかし、数学と経済学は違います。実際のところ、人々がこの格言を信じ、状況の改善には成功した事業家の富を没収するしかない（成功しなかった人の富は没収する必要はありません）と、政府が信じた国々では、貯蓄や投資は絶対に不可能だったのです。

「なぜ古代ギリシャ人は鉄道を持っていなかったのか」と、質問されたとするならば、「当時、富を没収する傾向があったからです。没収されると分かっていて、投資する人などいません」と、私は答えるでしょう。[5]ギリシャの哲学者イソクラテス（紀元前四三六－三三八）は、今日まで残るいくつかの演説を行いました。「裕福な者がアテネで裁

訳注5　第1講義の訳注8にも記したが、古代ギリシャ人はかなりの技術を持っており、蒸気機関も発明していた。

判にかけられたのなら、彼に勝利はない。というのも、裁判官は、その富で自らの境遇の改善を期待し、それを没収しようとするからだ[6]」と。そのような状況下では、大規模貯蓄は絶対に生じないでしょう。

庶民の貯蓄の重要性

大規模貯蓄は、一八世紀以降になって初めて生じました。その時発達した制度によって、豊かな人だけでなく、貧しい人も少額の貯蓄や投資が可能になったのです。かつて貧しい人は、硬貨を貯蔵することでしか貯蓄できませんでした。しかし、硬貨は利子を生みません。貯蓄から得られるメリットは、それほど多くはありませんでした。加えて、一般家庭でそのような小さな蓄えを持つことは危険だったのです。それらは簡単に奪われるかもしれませんし、何も生み出しません。一九世紀初頭から、私たちは、大衆の貯蓄を可能にした大規模な進化を経験したのです。

資本主義制度とそれ以前の制度との間には、ある特徴的な違いが一つあります。その違いとは、資本主義制度では、それほど裕福でない人たちでさえ預金を所有しており、少額投資をしているということです。多くの人々はこの違いを認識していません。今日でさえ、利子の問題を議論する際、世論だけでなく指導者や政治家までも、債権者は裕福で、債務者は貧しいと信じています。だから、彼らは、金融緩和政策、つまり、政府介入によって利子率を人為的に引き下げる政策は、貧しい人に味方し豊かな人に不利益を与えると考えるのです。実際のところ、貧しい人々は、貯蓄銀行に預金し、債券や保険証券を所有し、年金受給資格も持っています。今日の新聞で、この国には六五〇万人の債券（借用書）所有者がいると報じられています。この数字が正確なのかどうかは分かりません。しかし、それでも、これら債券は幅広く所有されているのであり、それが意味するのは、国民の大部分は債務者ではなく債権者だということなのです。この人たちは皆、債権者です。他方で、企業は社債を発行したり銀行から借り入れたりしますが、そのような企業の普通株式の所有者は、債権者ではありません。債務者なのです。同様に、巨額の担保付融資を受けている大規模不動産業者も債務者です。だから、裕福な人たちが債権者だというのはもはや真実ではないのです。このように、状況は大きく変化したのです。

ヒトラーの有名なスローガンの一つに「利子奴隷制を廃止せよ。永遠なれ債務者。罰せよ債権者[7]」というものがありました。しかし、あるドイツの新聞は、この間違いを認識しており、「諸君らは、君自らが債権者であることを知っているか」という見出しの記事を書きました。おそらくヒトラーは、この記事を正しく理解していないでしょう。

貯蓄への敵意とケインズ卿

ここ数年で、貯蓄や資本蓄積に対する敵意が生じました。この貯蓄に対する敵意を、マルクスのせいにはできません。というのも、マルクスは資本がどのように蓄積されるかを理解していなかったからです。カール・マルクスは、巨大企業の発達や数多くの少額貯蓄者たちによる所有を予期していませんでした。マルクスに影響されたロシアの経済学者は、何年か前、資本主義の経済システム全体は自己矛盾であると次のように断言しました。「生産されたものすべてが消費されるのではなく、その大部分は貯蓄され、追加的資本として蓄積される。次の世代には、その蓄積はさ

訳注６　「ところがいまは、富が最大の犯罪であるかのごとく、金持ちではないことの弁明を、身の安泰をはかるために用意し注意していなければならない。なぜなら、公然と悪事をはたらくよりも裕福だと思われるほうが、ずっと怖ろしいからだ。悪人は情状酌量を買うか微刑ですむが、富者の評判を立てられた者は、完膚なきまでの破産に追い込まれる」（「アンティドシス（財産交換）」『イソクラテス　弁論集２』小池澄夫訳、京都大学出版会、二〇〇二年、二一二頁）

訳注７　一九二〇年二月に採択されたナチスの「二五カ条綱領」には、「不労所得の廃止と利子奴隷制の打破」が掲げられている。

らに大きくなるだろう。これは何を意味するのか。誰のためにこんなに蓄積するのか。ケチケチ蓄積するが、貯蓄者が稼いだものを誰も楽しめないではないか。それは奇妙で悪いことだ。それに対処すべきだ」と。

ジョン・メイナード・ケインズ（一八八三－一九四六）は、自らの貯蓄反対構想を成功させました。彼によれば、過剰貯蓄は危険なのです。彼は、投資機会は限られていると信じており、その見解は、多くの人々に受け入れられました。所得は貯蓄として取って置かれますが、その所得のすべてを吸収するだけの十分な投資機会はおそらく存在しないでしょう。多すぎる貯蓄のために、景気は悪化するのです。だから、貯蓄しすぎるということが起こり得るのです。

長きにわたり、別の観点から同じ理論が広く受け入れられてきました。人々は、新しい発明――労働を節約する装置――が、「技術的失業」という現象を生み出すと信じていました。だから、かつての労働組合は機械を破壊したのです。現在の労働組合も、まだ同じように考えています。しかし、機械を破壊するほど単純ではありません。彼らにはより洗練されたやり口があるのです。

ケインズ卿の間違い

実際のところ、私たちが知る限り、人間の欲望には限りがありません。満足を得るために必要なのは、より多くの資本財を蓄積することです。この国で、より高度な生活水準が実現しない理由は、一つしかありません。人々の欲するすべてを生み出すだけの資本財がないこと、これがその原因なのです。経済進歩がいつも十分に有効活用されているわけではないでしょう。しかし、欲するものが何であれ、それを満たすには、さらなる進歩と人的資源が必要とされるはずです。アメリカの最も豊かな地域、つまりカリフォルニアでさえ、状況を改善できますし、資本について様々な利用法を思いつくことができます。物的生産要素が不足している限り、投資機会は十分にあるでしょう。物的生産要素の不足がない状態やコケインの国〔怠け者の天国〕での生活など想像できません。そこでは、人は口を開くだけで食べ物が入れられ、すべてが満たされているのです。

生産要素の不足は、資本財の不足を意味しています。ですから、貯蓄を止めて支出を始めなければならないという考えは、本当に馬鹿げています。一九三一年か三二年だかに、ケインズ卿と支持者の何人かが、ある声明を公表しました。大惨事を回避し、経済状況を即座に改善する唯一の方法は、支出すること、もっともっと支出することである、と。経済学的には、投資が生み出さなかったであろう雇用を、このような支出が生み出すわけがないと理解しなければなりません。新しい機械の購入にお金を使うべきか、それともナイトクラブで浪費すべきかどうかは、関係ないのです。ですが、ケインズの理論に従えば、よりよい生活のためにお金を支出する人は仕事を生み出し、一方で機械を購入し生産を改善する人は大衆から何かを奪うのです。

ケインズが本を書いたとき、政府支出が完全雇用をもたらすという彼の理論の正しさが、イギリスの状況によって示されたと言われています。しかし、それは事実ではありません。イギリスの好ましからざる状況の原因は、第一次世界大戦後、工場設備の改善に必要とされる手段がイギリス産業になかったことにありました。だから、イギリスの機械は、特にアメリカの機械と比べて、劣っていたのです。結果として、イギリスの労働限界生産性はさらに低下しました。イギリス産業の競争力を上げるには賃金率の削減が必要だったのですが、労働組合はまったく認めようとしませんでした。だから、失業が生じたのです。今日でもまさに同じことが必要ですが、イギリスに必要だったのは、諸々の生産要素の生産性向上に向けた多額の投資だったのです。

これについて、ケインズ卿は奇妙な考え方を持っていました。あるアメリカ人が、ケインズ卿との個人的な友人関係について記事を公表しました。そこにはワシントンホテルでケインズを訪ねたときのことが語られています。手を洗う際、その友人はタオルを必要以上に汚さないよう気を付けていました。まもなく、ケインズはすべてのタオルを汚し、こんな具合にアメリカ人部屋係のためにより多くの仕事を作ってやっていると言ってのけたのです。この観点からすると、雇用を増加させるための最良の方法は、おそらくできる限り多くを破壊することなのです。私は、てっきりその考えは、割れた窓ガラスの物語の中でフレデリック・バスティア（一八〇一―一八五〇）[8]によって決定的に破壊されたものだと考えていました。しかし、ケインズは、明らかにこのバスティアの物語を理解していなかったのです。

労働節約的な機械が技術的失業を生み出すというのは間違いです。その間違いは、理論的考察だけでなく、人類史そのものが以前よりも労働節約的な機械を導入することから成り立っているという事実によっても論駁されてきました。今日、少ない労働で、様々なアメニティーが大量に生産されています。それにもかかわらず、多くの人々が生活し、多くの雇用が生み出されているのです。だから、新しい機械の発明によって、人々の仕事が奪われるというのは正しくありません。

それは本当にタチの悪い作り話です。他の条件が等しければ、利用できる資本財が多いほど、労働の限界生産性は高くなります。もし雇い主が新たに雇った労働者を雇用し続けるか、あるいは、解雇するかを考えているとすれば、彼はこの雇用によって生産物価値が増加するかを検討します。もしこの労働者の雇用によって、生産量が増加するのであれば、雇い主の問題は「その雇用は、増加した生産物の売上よりも費用がかかるのか」ということになります。追加的な資本財の利用を検討する際にも、同じ問題が生じます。労働者一人当たりの利用可能資本が多くなれば、労働の限界生産性は高くなり、結果的に雇い主は高い賃金を払うことができるのです。より多くの資本が蓄積されるほど――他の条件が等しければ――これまでと同じかより高い賃金で多くの労働者を雇うことができるのです。

資本蓄積を妨げる諸要因

二人の事業家――スノコ社のJ・ハワード・ピュー（一八八二－一九七一）[9]とU・S・スチール社のアーヴィング・オールズ（一八八七－一九六三）[10]――は、あまり上手くいったとは言えませんが、インフレーションが企業の資本蓄積、在庫、減価償却などに与える影響を、他の事業家に説明しようと試みました。インフレーションは、事業家の販売価格を引き上げ、多額の利益を獲得していると錯覚させます。次に、政府はこの増加したように見える「利益」に課税し、現在の支出のために使用しますが、この「利益」はそうでなければ投資のために使われたか、減価償却や設備更新のために取って置かれたはずのものなのです。

個人が民間保険に加入するとしましょう。保険会社はこのお金を投資します。もちろん、後で保険が払い戻される必要がある場合、投資は中止されなければなりません。個人としては投資を中止しなければなりませんが、保険会社は年々拡大しています。つまり、資本蓄積は一国全体で生じており、そのため、保険会社は全体として投資を止める必要などないのです。

社会保障制度は違います。政府は保険統計について話をします。しかし、その意味は、保険会社が用いるのとは異なるのです。政府は、個人の払い込みを現在の支出に浪費し、社会保障基金に「公債」という借用証書を与えます。このように政府は、国債に「投資」するのです。政府が「社会保障」税を徴収するとき、「使うためのお金をください。

訳注8　フレデリック・バスティアは、フランスの古典的自由主義経済学者。「割れた窓ガラスの物語」というのは、「いたずら少年が窓ガラスを壊した方が景気は良くなる」という理論を批判するたとえ話である。バスティアの『見えるものと見えないもの』（一八五〇）の中で語られる。
訳注9　J・ハワード・ピューは、アメリカ人実業家。石油会社であるスノコ社の社長を務めた。
訳注10　アーヴィング・オールズは、アメリカ人弁護士で、U・S・スチールの会長を務めた。

その代りに、三〇年か四〇年以内に、今日私たちが負っている負債を納税者が快く返済するとお約束いたします」と言います。だから、社会保障制度は民間保険とはまったく異なっているのです。それは何かが貯蓄されたということを意味しません。反対に、「社会保障」のために個々人の貯蓄が政府に徴収され、現在の支出に利用されるのです。政府は必ず返済すると思います。しかし、問題はいかなる種類の貨幣かということにあるのです。すべては、将来の議会や大衆が健全な貨幣で返済する覚悟があるかにかかっています。もし人々が紙幣を好まないのであれば、それは使用されないでしょう。たとえば、カリフォルニアでは、グリーンバック紙幣が発行された南北戦争の時代でも、ハード・カレンシーにとどまっていました[11]。

社会保障に関して、ビスマルクは、すべての人々は政府から何かしらを受け取るべきだと考えました。彼は、多くの人たちが国債を所有し利子を受け取っているフランスの状況と比較し、それこそがフランス人がとても強固な愛国心を持つ理由であると考えたのです。フランス人は政府から何かしらを受け取っており、ビスマルクは、個々のドイツ人も政府に依存することを期待したのです。だから、すべての老年の年金受給者に五〇マルクもの追加的な政府特別手当を始めたのです。これは、「ライヒ助成金（政府追加手当）」と呼ばれています。

資本の問題は、経済計算の問題です。インフレーションによって、確かにうわべだけは「資本」を増加させることはできますが、資本財を増加させることはできません。その結果が、経済計算によって指摘される、資本財と資本の不一致なのです。

訳注11　グリーンバック紙幣とは、南北戦争の時代に合衆国政府が戦費調達のために発行した、金と交換できない不換紙幣のこと。ハード・カレンシーとは、金や銀の裏付けのある通貨のこと。

第7講義

貨幣、利子、景気循環

Money, Interest, and the Business Cycle

強い影響力を持ち、悲惨な結末をもたらす純粋に理論的な問題が二つあります。それら問題の深刻さをいくら強調したとしても、十分とは言えないでしょう。

利子に関する二つの問題

二つの問題のうち、一つは利子取得に関係します。これについては、アリストテレスと彼の有名な格言「貨幣は、貨幣を生むことはできない」に立ち戻らなければなりません。アリストテレスは、利子がとても困難な問題であることに気付いていました。彼はある間違いを犯しましたが、それは、貨幣の利用に対して利子が支払われるというものです。二千年もの間、これが理論的基礎となり、貸付利子の取得は法的に禁止されたのです。人々は貸付利子だけを考慮していました。彼らが理解していなかったのは、利子というのは人間行為の一般的カテゴリーに起因するということです。つまり、利子は、いかなる例外もなく、人は誰であれ将来財よりも現在財を高く評価するという事実から生じるのです。[1]だから、政府の認可、規則、命令によって、現在財に対する将来財の割引価値や割引価格を取り除こうとしても、絶対にできないのです。ローマ帝国の「資本主義」が行き詰まり、高度に発達した経済システムが侵略部族の経済に取って代わられたとき――それは完全に農業的で、世帯農場ごとの自給自足に基づいた経済ですが――利子取得の全面的な禁止が、ますます強化されました。

ヨーロッパ各地で、利子取得に対する非難がありました。これを先導していたのがキリスト教会です。千年もの間、公会議によって、利子の無条件禁止が繰り返し宣言されました。[2]しかし、この利子禁止の論拠を、福音書や新約聖書の中に見つけることはできませんでした。彼らは、モーセの律法にまで遡らなくてはならなかったのです。そこで彼らは、異教徒ではなく、同胞（ユダヤ人）への貸付に関する一節を見つけました。[3]その後一二世紀初頭に、神学者たちは、福音書の中に利子取得に反対するものとしても解釈できる一節を見つけました。しかしながら、これはとりわけ利子取得に言及しているわけではありません。そこには「何も求めずして貸せ[4]」とあります。翻訳は正しいと思います。この一節は、私たちが入り込む必要のない問題を提起しますが、神学者や法史家はこれで争ったのです。

一方で、キリスト教会の禁止——教会法（Canon law）——教会はこれを強制したいと強く願っていました——がありました。しかし他方で、現実、人々の慣習がありました。融資は必要とされていたのです。宗教的、世俗的、どちらの意味でも教会の支配下にある国々では、近代的な銀行業はゆっくりと発達しました。神学者たちは、利子取得を正当化する理由があるかどうかを明らかにするために、利子問題を研究し始めました。この研究が、経済法則と教会教義との戦いの始まりだったのです。彼らは多くの問題について議論し、少なくとも、貨幣の貸出から利子を取ることで貸手が借手から不当に搾取する、という誤った信念を消し去りました。それにもかかわらず、この考えは、アメリカの多くの教科書でいまだに見つけることができます。

しかしながら、もう一つ問題があります。その問題とは、融資に利用できる貨幣供給量を増加させれば、貨幣市場（短期の貸付市場）で利子率の下落傾向が生じるというものです。もし利子というのが、一定量の貨幣の使用権を渡すことの報酬ではなく、むしろ、現在財に対する将来財の割引に依存するのだとすれば（つまり貨幣の多寡とは無関係だということ）、どのように、それから、なぜ、貨幣供給量の増加によって下落した利子率がもとに戻るのでしょう

訳注1　現在財を今すぐに購入できる一個のリンゴであると考えよう。将来財は、一年後に手に入る一個のリンゴである。ミーゼスによれば、人間は必ず、一年後のリンゴ一個よりも現在食べることのできるリンゴ一個を高く評価するのであり、この評価の差が利子である。

訳注2　公会議とは、ローマ＝カトリック教会の教義などについて審議する最高会議のこと。

訳注3　「申命記」第二三章第二〇節「他国《よそぐに》の人よりは汝利息《なんぢ》を取るも宜《よ》し、惟《ただ》汝の兄弟より利息を取るべからず」訳は、『文語訳 旧約聖書Ⅰ』（岩波書店、二〇一五年）を参照した。

訳注4　「ルカの福音書」第六章第三五節「汝らは仇《あだ》を愛し、善をなし、何も求めずして貸せ」訳は『文語訳新約聖書詩編付』（岩波書店、二〇一四年）を参照した。

か。言い換えるならば、貨幣供給量の増加にもかかわらず、現在財に対する将来財の割引という人々の評価を反映する利子率が再構築されるのは、どのような過程によるのでしょうか。この現象の存在を否定した人たちもいました。また愚かにも、貨幣や貨幣代用物の総量を増加させれば、利子率のさらなる漸進的下落傾向が生じ、最終的に利子は完全に消滅すると断じる人たちもいました。これが豊かさをもたらし、すべての人々に十分なものを生み出し、すべての人々をお金持ちにするための正しい方法である、と信じる社会主義者たちが実際にいたのです。

真の銀行業と疑わしい銀行業

二種類の銀行取引には明らかな違いがあることを説明しなければなりません。銀行家についての古くからある古典的な定義、つまり事業家や経済学者が考えた定義は、銀行家とは他人の貨幣を貸し出す人物であるというものです（自らが所有する貨幣だけを貸し出す人は、貸金業者です）。銀行家とは、世の人々から預金を得る人物であり、他人の貨幣を獲得し、この貨幣をさらに別の人に貸し出す人物なのです。彼の事業利得は、預金者に支払う利子と債務者から得る利子との差額から生じます。これが真の銀行業であり、銀行家の事業なのです。

一九世紀に、銀行業に関する近代的手法の発達、つまり、銀行券と当座預金の発行によって、二つの深刻な問題が引き起こされました。すなわち、信任媒体（fiduciary media）[5]と信用拡大です。

まずイギリスで歴史的進歩が生じ、それから他国にも広がりました。保管のために、人々は後に銀行家と呼ばれるようになる人たち――かつてのロンドンの金細工師――に貨幣を預けました。この金細工師から、預金者は貨幣の預かり証を受け取りましたが、彼らはその預かり証を決済に用いたのです。今日では、これらの預かり証は、「銀行券」に相当するでしょう。この金細工師が経営的に高い信用を保持しているのであれば、貨幣での決済の際、そのような預かり証を受け取らない理由などありません。金細工師や初期の銀行家は、自らが発行した預かり証の総量に等しい貨幣を金庫に取って置く必要などないとすぐに気が付きました。――彼らは、実際に準備する現金よりも多くの預かり証、銀行券を発行することができたのです。彼らは、準備金の一部を貸し出せるということ、つまり、銀行業務を用いることで、実際に預金されている貨幣の総量よりも多くの信用を与えることが可能であることを発見したのです。このように、彼らはいわゆる「信任媒体」を発見しました。

二番目の非常に疑わしい事業は、信用拡大の機構から成り立っています。これが現代の最も重要な経済問題と言えるかもしれません。信用拡大が意味するのは、銀行家が預金者から受け取るよりも多くの貨幣を人々に貸し出すということであります。この超過分は、銀行家が発行した銀行券、もしくは当座預金であり、これが信用拡大なのです。問題は、「そのような事業の結果はどうなるか」であります。当初、このタイプの信用拡大は、それほど決定的ではなく、あまり危険でもありませんでした。というのも、それはシティでも健全な資産状態にある個々の銀行家によって行われていましたし、人々はその銀行券を受け取ることもできれば、拒否することもできたからです。誰でも、銀行家のもとに行き、追加的な銀行券や信任媒体だけで構成される融資、つまり信用拡大だけで構成される融資を受け取ることができました。しかし、次なる問題は、取引先や債権者はこの銀行が発行した銀行券を支払いとして受け取る心づもりはあるのかということなのです。疑わしい取引に融資している債権者は「これ以上支払いを待つよりは、この紙幣を受け取る方が良い」と答えるかもしれません。しかしその後すぐに、彼はその銀行券を発行した銀行家のも

訳注5　信任媒体とは、兌換のための準備金を超えて発行された貨幣代用物のことである。具体的には、兌換準備金を超えて発行される銀行券や要求払い預金（小切手貨幣もしくは普通預金）のことである。村田稔雄氏が訳したミーゼス『ヒューマン・アクション』（春秋社、二〇〇八年）では「流通手段」と、蔵研也氏が訳したヘスース・ウエルタ・デ・ソト『通貨、銀行信用、経済循環』（春秋社、二〇一五年）では「信任媒体」と訳されている。本書では直訳に近い「信任媒体」を採用した。

とに向かい、それらを償還するでしょう。従って、発行済み銀行券の超過分は減少します。だから、信用拡大が商法下にある個人銀行や個人事業者の事業である限り、信用拡大はそれほど危険ではなかったのです。超過した銀行券が償還によって発券銀行に還流し得る限り、信用拡大は抑制され、深刻な規模の信用拡大はあり得ませんでした。

銀行業に対する政府の影響

しかし、まもなく政府は、次のような誤った考えの下で、この活動領域を侵しました。すなわち、流通信用、追加信用、信任媒体を発行することで、つまり、大衆から受け取るよりも多くの貨幣を発行することで、まさにこの信用拡大のために、銀行は利子率の高さを削減すべき地位にあるのだ、と。

利子についての致命的な過ちは、前時代から受け継がれたと、前に指摘しました。古代では、裕福な人が債権者であり貧しい人が債務者であるというのは、状況の正しい説明でした。この結果として、高い利子率は非道であるという考えが支配的となりました。人々は、政府が介入できない市場現象として、利子率を受け入れる心づもりができていなかったのです。人々は、ただ利子率を経済発展や進歩の障害であると考えたのです。それどころか、大部分の人々は、利子率とは利己的な貸幣の貸手の欲望によって作られるものであり、それと戦うことが政府の義務である、とさえ信じていました。何世紀にもわたって過ちを犯した後、市場価格、賃金率などに介入すべきという考えを、政府は最終的に放棄しました。この事実こそが、近代資本主義の発展の原因なのです。価格や賃金への政府介入が一八世紀に放棄されなかったとすれば、資本主義は発展しなかったことでしょう。この新しい事態によって、現代の経済発展へと向かう道筋が整えられたのです。しかしながら、利子率に関して、すべてがうまくいったわけではありません。

自由主義や資本主義の時代に、利子率の上限を固定する古びた政府の法令が廃止されたのは事実です。しかし、それらが破棄されたのは、単に信用をより低利にするための新しい手段、つまり銀行の信用拡大を通じた手段を発見した、と政府が考えたからなのです。その過程で、個人銀行家はこの事業から完全に姿を消しました。政府は、信任媒体発行を独占していた政府銀行に特権を与えました。政府がこれを行うのは、簡単ではありませんでした。なぜかというと、いくらかの抵抗が存在していたからです。アメリカ合衆国では、アメリカ合衆国発券銀行の設立のための取り組みは、住民の大多数により二度も妨げられました。[6]

政府が行ったことは、その問題に対処するためのとても弱々しい「中道的」処置を導入することでした。この信用拡大のシステムの一貫した支持者たちは「もし信用拡大によって利子を引き下げることができるなら、利子をきっぱりと全廃、消滅させ、誰に対しても少しの利子も請求することなく融資するべきだ。これは、おそらく貧困という社会問題の解決策になるだろう。そして、その解決策はすべての人々のためのものなのだ。なぜそれをしないのか」と言ったことでしょう。しかし政府は、利子を完全になくせるとは思っていなかったのです。

フランスの社会主義者ピエール・ジョゼフ・プルードン（一八〇九－一八六五）[7]とフレデリック・バスティアの間で、有名な論争がありました。[8]プルードンはバスティアの論敵でした。プルードンの主張は、もしそのような信用発行銀行を設立できるのなら、利子を完全に消し去ることができるというものでした。バスティアはその主張に賛成しませんでしたが、彼も正しい見解を持つことができませんでした。彼が支持したのは、利子率はある高さまでは認

訳注6　アメリカでは、中央銀行の役割を担う、第一合衆国銀行（一七九一－一八一一）と第二合衆国銀行（一八一六－一八三六）が設立されたが、どちらも免許の期間が更新できず消滅した。

訳注7　ピエール・ジョゼフ・プルードンは、マルクスより九歳年上のフランスの社会主義者。『所有とは何か』（一八四〇）における「所有とは盗みである」という言葉が有名である。プルードンは、利子を取らない「無償信用」を主張し、それを実践する組織として「交換銀行」や「人民銀行」を考えた。

訳注8　これは、一八四九年－五〇年に『人民の声』誌において往復書簡の形式で行われたプルードンとバスティアの利子と信用をめぐる論争のことである。

められるべきであるが、「高すぎ」はいけないという「中道的」解決策でした。後にこの中道的立場は、世界で一般的に受け入れられる理論になりました。利子率を低くするか、もしくは完全に取り除くかを意図した信用手段によって、すべての人々に富を作り出すことができる、と相変わらず主張する人たちは「貨幣偏執狂（monetary cranks）」と呼ばれていました。彼らを貨幣偏執狂と呼ぶ理由はありません。彼らは、一般的に受け入れられている中道政策を支持する人たちより、一貫していただけなのです。利子率の徹底的な低下を支持する人の中には、他の分野で著名な人も存在していました。たとえば、事業家、化学者として成功したベルギー人のアーネスト・ソルベイ（一八三八－一九二二）[9]がいます。彼は、社会会計制度（comptabilisme social）を確立することで、皆を幸せにできると信じていました。カナダには、アルバータ州の実験というイギリス人のクリフォード・H・ダグラス少佐（一八七九－一九五二）[10]の計画がありました。ダグラスはその計画を「社会信用」と呼んでいたのです。

信用拡大と「にわか景気」

どうして、この信用拡大による悪影響はないなどと誤解してしまうのでしょうか。信用拡大のために、特殊な理論が作り上げられたのです。経済システムには、信用拡大が許容される適切な限度が存在すると言われていました。事業取引で必要とされる貨幣総額は、「事業の必要性」によって決定されます。だから、銀行の信用拡大がこの「事業の必要性」を超えなければ、何の危険もないのです。この考えは次のようなものです。原材料の生産者は、原材料を製造業者に販売し、為替手形を振り出します。原材料を購入する製造業者は、為替手形を銀行へ持って行きます。銀行はそれを割り引いて、この原材料の支払いのための信用を製造業者に供与します。三ヶ月後、製造業者は原材料から商品を完成させます。彼は商品を販売し、融資を返済します。ですから、このシステムの擁護者は、銀行が原材料購入のための信用を事業者に供給するだけなら、何の危険もないと言うのです。銀行の信用供与が、すでに実行された取引だけに制限されるなら、そのような目的のために銀行に要求される信用量は、「事業の必要性」、つまりその国で行われた実際の事業量に正確に制限されるのです。だからそれは、信用供給量の増加を意味しないのです。というのも、信用供給量の増加分は、事業の実質的な取引に基づく信用需要の増加分にちょうど対応しているからです。

しかし、この理論が見落としているのは、この「事業の必要性」は銀行が供与する信用量に依存するということなのです。銀行が供与する信用量は、銀行が借手に求める利子に依存します。利子が高ければ、融資を欲する借手は少なくなり、利子が低ければ、信用を求める借手は増加するのです。

事業家であれば誰でも、プロジェクトについて予期される支出と収入を計算します。費用が与えられている場合、もちろん利子の費用も含まれますが、計算によってその取引が割に合わないと分かれば、プロジェクトは着手されません。しかし、もし発券銀行が出現し、そのプロジェクトに供与される追加的な流通信用が生み出されるなら、それによってこの新しい信用がなかったときよりも利子率は低下し、その低下がたとえ〇・二五％や〇・二％などごくわずかなものだったとしても、高い利子率では着手されなかったはずの多くのプロジェクトが、今や実行されるでしょ

訳注９　アーネスト・ソルベイは、ベルギーの化学者であり、現在世界的な化学企業となっているソルベイ社の創業者。彼は、特殊な会計制度を用いれば貨幣をなくすことができるとした。

訳注10　クリフォード・Ｈ・ダグラス少佐は、イギリスのエンジニア、予備役空軍少佐、経済理論家。『経済民主主義』（一九二〇）、『信用力と民主主義』（一九二〇）、『社会信用』（一九二四）などの一連の著作で、社会信用論を構築した。ダグラスの社会信用論の前提には、独自の過少消費論（Ａ＋Ｂ理論）がある。Ａ＋Ｂ理論とは、消費財の価値は、賃金Ａと原材料への支払いＢから構成され、よって、賃金Ａでは、生産された消費財Ａ＋Ｂを購入することができず、必ず過少消費が生じるというもの。ダグラスは、この問題を解決するためには、政府が国民全員に購買力を供与すべきとした。この理論は、ある種のベーシックインカムの先駆けともいえるものであった。一九三四年、ダグラスの理論に影響を受けた、カナダの教師であり牧師でもあるウィリアム・エイバーハート（一八七八－一九四三）は、「社会信用党」を創立した。同党は、二一歳以上のすべての国民に月二五ドルの「基礎配当」を支給するという政策を掲げ、一九三五年八月に行われたアルバータ州議会選挙において、六四議席中五六議席を獲得し、政権を獲得した。その政権は、一九七一年まで三六年間も継続したが、「基礎配当」が実際に行われることはなかった。

う。銀行の信用拡大は、それ自身で需要を作り出し、実際よりも多くの貯蓄や資本財が利用できるという印象を与えます。しかしその実、増加したのは信用量だけなのです。

もし銀行が信用拡大を行わず、新しい流通信用を供与しないのであれば、つまり銀行が誰かの貯蓄を用いた貸出だけを行うのであれば、結果として、銀行は新しい信用を作り出す場合よりも高い利子率を課さなければなりません。そして、まさに利子率がわずかばかり高くなるという事実のために、多くの取引は実行されないでしょう。しかしながら、もし銀行が新しい信用や追加的な貨幣を供与するのなら、利用できる資金のすべてはすでに市場利子率で貸し出されてしまっているため、新しい借手を引き付けるには、利子率を引き下げなくてはならないのです。

政治的理由により、銀行は頻繁に信用を拡大します。古くから次のように言われています。物価が上昇していると、するると、もしくは、にわかに景気づいているとすると、政権与党は、そうでなかった場合よりも選挙戦に勝つ可能性が高い、と。従って、信用拡大の判断は、「繁栄」を享受したいと考える政府から頻繁に影響を受けるのです。だから、いかなる政府であれ、そのような信用拡大政策を支持するのです。

信用拡大によって、市場では次のような印象が作りだされます。実際にあるよりも多くの資本や貯蓄が利用でき、昨日には高い利子のために現実的でなかったプロジェクトが、今日では状況が変わったために実行可能である、と。事業家は、低い利子率を十分な量の資本財が利用可能であるという合図と見なします。これは、信用拡大が事業家の経済計算を狂わせることを意味します。そして、それが事業家や国民そして世界に、現実にあるよりも多くの資本財が存在しているという印象を与えるのです。信用拡大によって、会計的な概念である「資本」を増加させることはできます。しかし、現実の資本財をより多く作ることはできません。利用できる資本財の総量によって、生産は常に制限されます。ですから、信用拡大の影響というのは、実際には資本財の不足のために実行できないプロジェクトが実行可能であると事業家に信じ込ませることにあるのです。従って、信用拡大によって事業家は誤った方向に導かれるのであり、結果として生産構造は歪められ、経済的に「不適切な投資」が引き起こされるのです。信用拡大のために事業家がそのようなプロジェクトに取り組んだとき、その結果を「にわか景気（ブーム）」と呼ぶのです。

信用拡大と中央銀行

次の事実を見落としてはなりません。その事実とは、残念なことに信用拡大に反対するものではありませんでした。しかし、少なくとも、信用拡大に関して強すぎる権力を政府に与えないという強い信念が、一九世紀、二〇世紀を通して、常に存在しており、政府が中央銀行に干渉するのを制限しようという動きがあったのです。

歴史的に、政府は借金のたびに中央銀行を幾度となく利用してきました。政府は、大衆から借り入れることができます。たとえば、一〇〇ドル貯蓄した人は、それをドルとして持つこともできますし、投資することもできます。しかし、それらの代わりに、新しい国債を購入することもできるのです。この購入は既存の貨幣量を変化させません。ある人が国債に支払った貨幣は、その人の手から政府の手に渡るのです。しかし、もし政府の借入を中央銀行に頼るのであれば、信用創造するだけで、実質的には新しい貨幣を創造するだけで、中央銀行は国債を購入でき、政府に貨幣を貸すことができるのです。この借入をいかに実行するかについて、政府はたくさんの妙案を持っているのです。

中央銀行に対する政府の影響力をめぐって、議会と行政との間にはいつも争いがありました。ヨーロッパの議会の多くは、中央銀行は政府から分離され独立していなければならないと、はっきりと述べていました。そして、知っての通りこの国でも、連邦準備理事会とアメリカ合衆国財務省との間には、継続的にいさかいがあります。これは、経済的法則と政府法令によって引き起こされる当然の状況なのです。条文に違反することなく法律を破るのはとても簡単だ、ということに気付いた政府もありました。たとえば、ドイツ政府は、第一次世界大戦の間、大衆から借入を行いましたが、それはライヒスバンク〔ドイツの中央銀行〕が政府に融資すると約束したからでした。ドイツ国債を購入する個人は、国債価格の一七％だけを支払えばよかったのです。そして、この一七％が、六、七％の利回りを生んだのです。従って、国債価格の八三％は、銀行が出したのです。これは、政府が大衆から借り入れる際に、実質的にはドイツのライヒスバンクから間接的に借り入れていたことを意味します。その結果、ドイツでは、第一次大戦前に一ドルは四・二〇マルクでしたが、一九二三年末には、四二億マルクになったのです[※1]。

中央銀行に権力を与えることへの反対は常にありましたが、ここ一〇年のうちに、世界のどの国々でも、大抵の場合、この反対は完膚なきまでに叩き潰されました。アメリカ政府は、中央銀行、つまり連邦準備銀行の力を利用し続けており、それは政府支出の大部分を借り入れるためでした。その結果が、インフレーションであり、物価や賃金率の上昇なのです。

信用拡大が利子率の低下を引き起こすことは間違いありません。では、なぜ、利子率を低く保ち続け、利子を実際に完全に消し去ることができないのでしょうか。もし利子率が貨幣的現象ではなく、市場の一般的現象、すなわち将来財は現在財と比較され割引して取引されるという事実を反映する現象であるというのが真実であるならば、私たちは自らに「信用拡大によって初めに利子率が下落し、その後、最終的に市場状況や一般的状態を反映する水準へと利子率が漸進的に回復する、そのような過程の性質は何であるのか」と問いかけなければなりません。つまり、もし利子率が人間行為の一般的カテゴリーであり、それにもかかわらず、貨幣や銀行信用の増加が一時的な利子率の下落を引き起こすならば、どのようにして利子率は現在財に対する将来財の割引を反映した比率に復帰するのでしょうか。

景気循環の諸要因

この問題に答えることは、中央銀行や信用拡大のシステムを持つ国々で、何十年、それどころか何世紀もの間、人々の心を占めていた問題に答えることにもなるのです。これが景気循環——不況期の周期的到来——の問題です。イギリスでは一八世紀の終わりから、近代資本主義制度や近代銀行業がゆっくりと取り入れられた世界の他の国々ではさらに後のことですが、ほとんど規則的に経済不況や経済危機が観察されました。ここで扱う経済危機というは、その出現の原因が明白であるような危機ではありません。たとえば一八六〇年代初頭、アメリカからヨーロッパへ綿花の出荷が不可能になりました。ヨーロッパの綿産業から始まり、結果として他の産業にも被害を与えたとても深刻な経済危機が生じたのです。しかし、誰もがこの危機の原因を理解していました。それはアメリカ南北戦争でありヨーロッパへの綿花の出荷停止でした。ここでは、そのような具体的でわかりやすい事象から生じる危機ではなく、どの業界でも生じる真の危機——時折それはある部門で他の部門よりひどくなりますが——つまり、どんな特別な原因も見当たらないような危機を取り扱いたいと思います。

一九世紀初頭から、この周期的な危機は、経済研究の最も重要な問題の一つと考えられるようになりました。一八三〇年代から四〇年代には、イギリスの経済学者はこの問題に対して次のように答えていました。「我々が研究しなければならないことは、経済不況ではない。不況は常にそれに先立つにわか景気の結果である。我々は、『危機の原因は何か』ではなく、『それに先立つにわか景気の原因は何か』と自らに問いかけなければならない。そして、資本主義を採用するどの国においても生じる明白な経済発展が安定的に継続せず、むしろ繰り返される好況期の後には例外なく不

※1　Ludwig von Mises, "Business Under German Inflation," *The Freeman*, November 2003を見よ。

況期が生じ、波のような運動となる理由について、我々は自らに問いかけねばならない」と。このように、危機の問題は景気循環の問題に変化したのです。そして、景気循環の問題に対して、多少なりとも間違った説明が数多くなされたのです。

一つだけ言及したいと思います。それは、その理論がなくとも有名な経済学者であるウィリアム・スタンレー・ジェボンズ（一八三五ー一八八二）[11]の理論で、いくらか評判を得ていました。彼は経済危機の原因を太陽の黒点に求めました。彼が言うには、黒点が凶作を引き起こし、これが不況を意味するのです。もしこれが正しいとすれば、なぜ企業は他の自然現象には順応できたのに、この自然現象には順応しなかったのでしょうか。

信用拡大の行き着く先

信用拡大が生じるなら、利子率は必ず低下しなければなりません。新しく生み出される信用の借手を見つけようとすれば、銀行は利子率を引き下げるか、借手の信用度を引き下げるかしなくてはならないでしょう。というのも、それまでの利子率で融資を望んでいた人々は皆、融資を得てしまっているからです。だから、銀行はより低い利子率で融資を提供するか、以前の利子率における融資基準により信用度の低い企業や人を含めるかしなくてはならないのです。

個々人が生産するよりも少なく消費するとき、余剰生産物は貯蓄として取って置かれます。従って、融資に用いられる貨幣が貯蓄者から生じるのであれば、それはさらなる生産のために利用できる現実の財を表しているのです。しかし、融資が信用拡大によって行われるのなら、事業家は欺かれます。その背後に財はなく、新しく作られた信用があるだけなのです。これによって、経済計算の偽装に導かれるのです。信用拡大は、制度的な偽装を引き起こします。それは、十分な資本財がなかったために昨日実行できなかったプロジェクトが、今や信用拡大のために実行できるという印象を個々の事業家に与えます。結果として、事業活動は活性化し、生産要素がより高い価格で売りに出されます。しかし、資本財は何ら増加していません。だから、事業活動の活性化は、見せかけのにわか景気なのです。生産要素の生産者たちは幸福でしょう。というのも、彼らは生産要素が昨日よりも高値を付けているのを見るからです。しかし、これが永遠に続くことはありません。なぜかと言えば、生産された物的生産要素はもはや存在しないからです。この生産要素の価格は、新しい信用の借手が競争し価格をつり上げるので、どんどん上昇します。そして、最終的に二つの選択肢に行き着くのです。

企業はますます多くの信用を求めるでしょう。（1）銀行は、さらに多くの信用を作り出すことによってこの需要に応えます（これが一九二三年のドイツで起こり、通貨は完全に崩壊したのです）。もしくは、（2）ある日、銀行は何らかの理由により信用拡大を止めなければならないと気付くので、新しい信用の創造を本当に停止してしまうのです。事業を拡大した企業は、すでに取り掛かっている投資プロジェクトを終えるため、必要な生産要素に代金を払わなければなりません。しかし、信用創造が停止してしまえば、支払いに必要な信用を得ることができないのです。彼らは、手形の支払いができないので、在庫を安く売り払います。そして、パニックや崩壊が生じ、不景気が始まるのです。

信用拡大のために、国家ないし世界の全経済システムは、利用可能な建築用材を少ししか持っていない人物が家屋を建設したいと思うような状況に陥ってしまいます。とはいえ、彼が間違いを犯すのは、技術的計算が不十分なためなのです。彼は、限られた建築資材を用いて、実際にできるよりも大きな家屋を建築できると考えます。だから、彼は

訳注11　ウィリアム・スタンレー・ジェボンズは、イギリスの経済学者。カール・メンガー、レオン・ワルラスと並んで、限界革命の立役者と評される。また、太陽の黒点の数が変化することで、景気の変動が引き起こされるという「太陽黒点説」を唱えた。

大きすぎる基礎を建築することから始めてしまうのです。後になって初めて、彼は自身が間違いを犯したこと、意図したような家屋を完成させられないことに気付きます。その後、彼は計画そのものを破棄するか、基礎の一部を残したまま、まだ利用できる建築資材を用いて小さな家屋を建築するかしなければなりません。これが、信用拡大によって引き起こされる危機の終盤に陥る状況なのです。低利の信用のために、事業家は経済計算を間違えるのであり、生産要素の不足によって頓挫する運命にある無謀と言うべき計画に着手してしまうのです。

イギリスやその後の世界の各国、つまり信用拡大を経験したすべての国々で、危機に先立つにわか景気の最中において、次のように言う人々がいつも存在していました。「これは後で危機となるような、にわか景気ではない。これが継続することを知らいない人だけがそのように言うのだ。これは最後の繁栄――永遠に続く繁栄である。私たちが、再び危機を経験することは決してないのだ」と。永遠に続く繁栄というスローガンを信じる人が多くなるほど、「永遠に続く」繁栄が永遠ではないと気付いたとき、より絶望的となるのです。

賃金率の維持と危機の悪化

これまでの不況期と比較して、一九二九年以降の問題を悲惨なものにした一つの事情があります。その事情とは、アメリカの労働組合が本当に強い力を持っており、過去この国や他国の危機で生じた結末が、この危機においても生じるべきだということを、彼らがどうしても許容しようとしなかったこと――すなわち、貨幣賃金率の相当な下落をどうしても認めようとしなかったことなのです。一部の事業では、貨幣賃金は若干下がりました。しかし、組合は総じて、にわか景気の間に不自然に形成された賃金率の維持に成功したのです。だから、かなりの数の失業者が長期間にわたって維持されたのです。他方で、職を失わなかった人たちは、賃金が物価と同程度下落しないという状況〔実質賃金の上昇」を享受したのです。一部の労働者たちの生活状況はまさに改善されたのです[※2]。

これと同じ状況によって、一九二〇年代後半のイングランドの状態が引き起こされたのです。そして、それがケインズ卿の理論や近年実践されてきた信用拡大という考え方をもたらすのに重要だったのです。イギリス政府は、一九二〇年代にとても深刻な間違いを犯しました。イギリスにとって必要だったのは、通貨を安定させることでした。しかし、政府は安定させる以上のことをしてしまいました。一九二五年、イギリス政府は、旧平価で金本位制に復帰してしまったのです。これが意味するのは、復帰後のポンドはより強くなり、たとえば一九二〇年のポンドよりも大きな購買力を持つということなのです。原材料や食糧を輸入し製品を輸出するイギリスのような国は、ポンドをさらに強くすべきではありませんでした。ヒトラーが言うように「輸出しなければ飢えるだけ」なのです。労働組合が賃金の下落を認めないような国において、通貨が強くなるというのは、イギリス製品の生産コスト（ポンド建て）は、金本位制に復帰していない国々の生産コストと比較して上昇することを意味するのです。高いコストで事業を続けるには、より高い価格を要求しなければなりません。だから、売り上げが減少し、生産を削減しなければならないのです。このため、失業率は増加し、恒常的な大量失業が発生したのです。

この問題に関して、労働組合に対処することができなかったので、一九三一年、政府は一九二五年に再評価されたポンドの相当の切り下げに取り掛かりましたが、それは輸出を奨励するためなのです。他の国々でも同じことが行われました。チェコスロバキアでは二度行われました。アメリカ合衆国では一九三三年に行われました。フランス基準の国々（フランスやスイス）では一九三六年に行われました。私がこのことを述べるのは、以前の危機と比較して、

※2　Ludwig von Mises, "The Causes of the Economic Crisis"（1931）in Percy L. Greaves, Jr., ed., *On the Manipulation of Money and Credit: Essay of Ludwig von Mises*（Dobbs Ferry, N. Y.: Free Market Books, 1978）, pp. 173-203, esp. pp. 186-92. を見よ。

一九二九年の危機――それはたかが信用拡大のための危機にすぎません――が、なぜこれほどまでに長くそして深刻な結末になったのかを理解するために必要だからです。もちろん、マルクス主義者は、危機は絶対にどんどん悪化するはずだと言います。そして、彼らが言うには、ロシア人は景気循環を経験しないのです。確かに、彼らは景気循環を経験しないでしょう。というのも、彼らは常に不況の中にいるからです。

信用拡大についての思い込み

一九世紀と二〇世紀において信用拡大は制限されたという事実の大いなる意義、その大いなる「心理的」な意義を認識しなければなりません。そうであるにもかかわらず、銀行の信用拡大は必要で、利子率は繁栄の障害であり、「金融緩和」政策は繁栄のための得策だというのが、事業家、経済学者、政治家、そして世間の人々の一般的な意見だったのです。経済学者だけでなくあらゆる人々、事業家たちも信用拡大は必要であると考えました。もし誰かがそれには欠点があるかもしれないと言おうものなら、彼らは怒り狂ったのです。一九世紀末には、実際のところ、信用拡大に反対していたイギリス通貨学派[12]を支持することは不適切であると考えられていたのです。

私が貨幣と信用の理論を研究し始めたとき、現存する文献の中で唯一生きていた人物、スウェーデン人経済学者、クヌート・ヴィクセル（一八五一－一九二六）[13]だけが、信用拡大の問題を正しく理解していることに気付きました※3。信用拡大がなければ何もできないという考えは、今日でさえ支配的です。必死で戦わなければ、信用拡大に有利に働くイデオロギーの力に打ち勝つことなどできません。もちろん大部分の人々は、信用拡大についていかなる考えも持ち合わせていません。しかし、政府はそれに関したとてもはっきりとした考えを持っており、「それなしでは、何もできない」と言うのです。

信用拡大が引き起こす真の問題

実際のところ、信用拡大は公民権の問題なのです。代議政体は、次のような原則に基づいています。その原則とは、国民は合憲的な方法で法律的に正しく公布された課税だけを政府に支払う必要がある、すなわち「代表無くして課税なし」です。しかしながら、政府は、政府支出を賄うのに必要とされるだけの金額すべてを、税金で要求することはできないと思い込んでいます。合法的に決められた課税から支出を賄うことができないとき、政府は商業銀行から借り入れ、信用を拡大させるのです。だから事実、代議政体は信用拡大やインフレーションの主導者なのです。

もし一七世紀に信用拡大の制度や他の種類の政府インフレが開発されていたのなら、スチュアート家と英国議会との闘争の歴史はもっと違ったものになったかもしれません[14]。もし当時存在していなかったイングランド銀行に信用を与えるよう命じることができさえすれば、チャールズ一世（一六〇〇－一六四九）は必要な資金を得るのに何の問題もなかったはずです。その場合、彼は王の軍隊を組織し、議会を打ち負かしたかもしれません。これは、ほんの一側面にすぎません。

二つ目の側面ですが、私はこの国が一九二九年のような危機の再来に耐えられるとは思いません。そして、そのよ

訳注12　一九世紀中頃にイギリスにおいて、通貨学派は銀行学派と対立した。通貨学派は、リカードの理論の流れを引く学派で、銀行券の発行は金の量によって規制されるべきとした。対して、銀行学派は、銀行券の量は取引の必要によって決まるので、発券額を規制する必要はないとした。

訳注13　クヌート・ヴィクセルは、スウェーデンの経済学者で、スウェーデン学派の祖。『利子と物価』（一八九八）で、貨幣利子率が自然利子率を下回ると、累積的に物価上昇が生じるという理論を展開した。ここで説明されているミーゼスの景気循環理論は、オーストリア学派の始祖カール・メンガーの資本理論、通貨学派の通貨と信用理論、そしてこのヴィクセルの理論を基礎として構築されている。

※3　Knut Wicksell, *Interest and prices* (New York: Macmillan, [1898] 1936).

訳注14　清教徒革命のこと。一六四二年八月に国王軍と議会軍の戦いが始まり、一六四九年一月に国王チャールズ一世が処刑された。

うな危機を避けるための唯一の方法が、にわか景気を防ぐことなのです。私たちは、すでにこのにわか景気に向けてかなり進んでしまいましたが、まだ止められるかもしれません。しかしながら、大きな危険を伴うでしょう。資本財はその量が限られ不足しているので、実行し得るプロジェクトは制限され、多くのプロジェクトが当面の間は不可能であることが明らかとなるでしょう。しかし他方で、信用拡大は、帳簿のドル建て資本が増加するという錯覚によって、それを覆い隠すことができるのです。信用拡大によって、実際には存在しないのに、資本が利用できるという錯覚が作り出されるのです。

一九世紀の根本的な問題は、これらのことを人々が認識していなかったことにあります。その結果として、ほぼ周期的に不況に陥るのは資本主義のせいだと人々が信じてしまい、資本主義の信用は地に落ちたのです。マルクスや彼を信じる者たちは、不況はますます悪くなると予想しました。今もスターリンは「我々は待つだけで良いのだ。資本主義国にとても惨い危機が訪れるだろう」と常々公言しています。この計画を挫かせたいのなら、次のことが理解されなければなりません。健全な信用政策とは、資本財は不足しており、信用拡大によって簡単に資本を増加させることなどできないという事実を認めるものなのです。このことが、事業家や政治家に理解される必要があるのです。

【質疑応答でのコメント】

過去、信用拡大に付随して起こったことは、大抵の場合、市場によって、吸収されたり、調整されたりしてきました。過去に起こったのと同じように、それらを「所与の」条件として受け入れるのが良いでしょうし、将来においては、いかなる信用拡大もあるべきでないでしょう。貨幣で一〇〇%の保証がないのであれば、将来において、追加的な銀行券は発行されるべきではありませんし、いかなる追加的な信用も当座預金口座に記入されるべきではありません。これが一〇〇%プランです。今日の状況に関して、過去に起こったことに絶対に手を出すべきではありません。――もとに戻そうとすべきではありません。というのも、それはデフレ的であるからです。デフレーションは、インフレーションほど、危険でも悪いものでもありません。政府にとって、デフレーションは高くつくのに対してインフレーションは利益をもたらすのです。

もしこれまで特権を与えられた銀行が一つもなかったのなら、もし政府が「法貨」にすることで国民にその銀行券を強制的に受け取らせなかったのなら、銀行券は決して普及しなかったでしょう。今日、最も遅れた国を除く世界のどの国においても、政府、もしくは政府に特権を与えられた組織が魔法の言葉「法貨」と記載すれば、平均的な国民はどんな紙切れでも貨幣と見なすのです。しかし、かつては違いました。人々に銀行券を受け取らせるのは、簡単ではなかったのです。彼らが銀行券を受け取ったのは、何もないよりはましだったからなのです。ある人が銀行券を欲しないのであれば、発券した銀行に持ち込むことができました。正貨と交換できなければ、銀行は破産します。政府や銀行の観点から、政府発行の銀行券が「素晴らしい」のは、それらを法定通貨、つまり銀行券と再度交換するだけで、正貨と交換する必要がないからなのです。

もし政府が貨幣や銀行業に介入しなかったとすれば、いかなる国民であれ、自由に自らの銀行券を発行できる状態が保たれていたはずです。私は、すべての人に自らの銀行券を発行する権利を与えたいのです。その場合、問題となるのは、そのような個人銀行券を受け取る他人を獲得することになるはずです。おそらく誰も受け取りません。私はそのような銀行券に反対しません。私が反対するのは、何らかの政府特権によって守られた銀行券だけなのです。すべての人の権利を維持するために、私はかつて発行された銀行券を欲しているのです。しかし、これ以上の法定通貨や信用拡大は要りません。

金本位制への復帰が必要だと私が言うのは、それがインフレーションを不可能にするからです。金本位制の下では、貨幣の総量は政府によって操作することのできない地理的な要因に依存します。金本位制は不合理なものではありません。というのも、それは貨幣の政府への完全なる従属に代わる唯一の手段なのです。もしチャールズ一世が紙幣を印刷する権力を持っていたとすれば、おそらく議会との戦いを優位に進めることができたでしょう。

金本位制の下では、貨幣量は政府や政党の気まぐれな政策と無関係になります。何世紀もの間、議会の前身の者たちと、通貨の価値を引き下げたいと考える君主たちとの間には争いがありました。君主たちが言うには、「重要なことは、私が貨幣に与える名称だけ」なのです。貨幣に銅が混ぜられ、銀貨は赤くなりました。以前の貨幣よりも銀の含有量が減少した結果、貨幣の品位は落ちてしまったのです。その間ずっと、君主たちは、「それら新しい貨幣は、古い貨幣と同じようにまだ購買力があり、法貨であるのだ」と宣言していました。貨幣の創造によって、政府が支出の一部を賄える地位にあるなら、もはや議会などに頼る必要はありません。歴史的、政治的に金本位制は、政府権力を制限し、政府を国民の意志に従属させる、法制度上の用具なのです。

第8講義

8th LECTURE

損益、私有財産、資本主義の偉業

Profit and Loss, Private Property, and the Achievements of Capitalism

資本概念の発達と資本財の転用問題

資本主義に関する問題を議論する際に、いつも基本としていただきたいことは、「資本財」と「資本」の区別を決して忘れないということです。「資本財」は物質的なものです。「資本」の概念は、特定の計算方法の枠組みの中にある完全に理論上の概念です。この資本概念というのは、最終的に、会計士の資本概念、監査人の概念、並びに資本財ではないものに包括されるかたちで発展してきたのです。

もちろん、会計制度は事業家に端を発するものです。取引の結果がどのようなものであるかを知りたいがために、彼らは会計の方法——複式簿記など——を発達させたのです。彼らが利用した資本概念は、事業展開に向けられた資金だけが当てはまり、勘定に入れられました。資本には、企業の長、その家族などが持つ不動産や私有財産は含まれませんでした。今もなお、法律の専門書や論文で、オーナーが私的に所有する資本を企業の貸借対照表に含めるべきかどうかの議論を見ることができます。会計実務の方法に従えば、現在使われている資本概念には、企業が所有する不動産やあらゆる権利が勘定に入れられています。

農場経営者もこれらの問題に注意を向け始めましたが、それはずっと後になってのことでした。当初、彼らはオーナーの財産をまったく勘定に含めずに、農場業務にだけ制限された会計方法を発達させました。私がこれらの事実に言及するのは、企業の貸借対照表を調査するなら、企業に所有される建物や不動産が含まれるからです。現在使われている資本概念は、資本財を勘定に入れるだけではありません。企業の所有するものすべてが勘定に入れられているのです。

これを踏まえると、資本の実際的な問題にとって、より重要な意味を持つ他の区別があるのかという問題も考える必要があります。資本について言うとすれば、生産に用いられる可能性がある限り、全物的生産要素が考慮に入れられているということがわかります。

資本利用の際にいかなる判断がなされるかを検討するなら、利用できる資本の大部分はまったく転用できない財、あるいは転用に限りがある財として具現化されているという事実を考慮に入れなければならないでしょう。資本財は、自然財と最終消費財の間にある中間的要素です。生産プロセスやその他の事情が常に変化する世界で問題となることは、もともと特定の最終用途のために設計されたこの中間生産物を、まったく別の目的のために使用できるかどうかであるのです。種々の目的のために過去に生産され蓄積された資本というのは、計画が変更された後、別の目的にも使用できるのでしょうか。これが資本財の転用可能性問題なのです。

古い資本財は破棄されるべきか

百年以上もの間、世界中で広がっている運動、今日では特にカリフォルニアにおいて広がっていますが、その運動を代表するのが、自らを「テクノクラート」と呼ぶ改革者の集団です[1]。テクノクラートたちは、私たちが、最も近代的な生産方法と並んで、時代遅れの生産プロセスをいまだに続けているという事実を批判しています。そして、彼らは、この事実を批判するだけではとどまりませんでした。彼らが指摘するに、もし「経済的後進性」と彼らが呼ぶものすべてが取り除かれるのであれば、つまり、もしあらゆる工場を最適な場所に設置でき、そこに最先端の設備を備え付けることができるのであれば、それはとても素晴らしいことなのです。もしそうなれば、いかなる後進性もな

訳注1　テクノクラシー運動のことである。テクノクラシーとは、高度な科学的知識を持った技術官僚が政治や社会を支配する体制やそれを認める思想のこと。この考え方は、古くはサン＝シモンに現れ、アメリカでは、ソースティン・ヴェブレンやウィリアム・ヘンリー・スミスらによって主張された。一九三〇年代の不況期に特にこの運動は活発化し、ニューディール政策にも影響を与えた。

くなり、もはや時代遅れの生産方法が使われることもなくなるはずです。ドイツやロシア――バルト諸国と言うべきでしょうが――には、「ドイツの農業は何て遅れているのだ」と指摘する社会主義者がいました。彼は、今ある農場や機械をすべて捨てるか減少させるかして、農学の最新の成果に置き換えようとしました。そうなれば、すべてはより安く生産できるようになるはずなのです。

これら計画が見落としていることに、過去に蓄積された資本は、それが蓄積された時代の専門知識を表す資本財の形で存在したということがあります。工場が時代遅れだとしても、古い機械はクズ鉄として処分され、新しい機械に交換されなければならないわけではありません。それは新しい機械の優越性しだいなのです。古い工場が現在の支出を上回る余剰を少しでも生み出すのなら、個々の工場所有者の観点からだけでなく、同様の問題を扱う社会主義体制の観点からも、古い機械を捨て新しいものに変えるのは浪費です。それは、今やより性能の良い商品が開発されたという理由で、新しいタイプライターやテレビジョンを購入するか、自分が持っていない何か別のものを購入するかのどちらかを選択しなければならない人の問題とよく似ています。新しいモデルが現れたからといって、誰もが自分の持っている古いタイプライターや車を破棄するわけではないでしょう。それと同様に、事業家も似たような判断を下さなくてはなりません。家事に正確な計算など必要ありません。しかし、事業ではより注意深い計算を基にこれらの判断がなされるのです。

現代の富を形作り、貧しい国に比べてある国をより豊かにする資本設備は、様々な技術的条件のもと様々な目的のために、過去私たちの祖先が作り出したか、私たち自身が作り出したかした資本財として存在しています。この古い資本設備が新しい設備と同様のサービスを生み出さないにもかかわらず、将来においてもこの設備が使われるべきだと考えるなら、なぜそう考えるのかお分かりでしょうか。その理由は、古い機械を破棄しそれらを新しい機械に置き換えることで得られるサービスよりも、古い設備が生み出すものの方が価値があると考えるからなのです。

かつての植民地開拓は、当時の条件の下、当時の専門知識を用いて行われました。もし私たちが、今日の地理的条件についての完全な知識を携えて他の惑星から地球に飛来したとするなら、現在の資本設備を生み出した知識とはまったく異なる別の知識を用いて開拓するはずです。過去、私たちの富は、大抵の場合、現在とは異なる条件に適合させられた資本財から構成されていました。過去の判断は、その当時の条件を基礎に行われました。私たちの祖先が判断を下しそれを遂行したという事実が、現状を維持するように私たちに影響を与え続けるのであり、だから過去の投資を捨てることは意味がないのです。どんな場合であれ、私たちは、今やより良いものを知っているという事実にもかかわらず古い方法にとどまるのか、それとも、今やより重要と考えられる、追加的資本財の何か別の用途のために、古い方法を破棄するのかという判断を下さなければなりません。

テクノクラートたちに対して、過去に作られたもののすべてを廃棄してしまえるほど、私たちは豊かでないと返答したいと思います。おそらく、産業の中心地は、過去にそれが構築された場所ではなく、どこか他の場所にある方が良いのでしょう。しかし、その移転には、とても時間がかかるのです。それは新しい場所の優位性しだいなのです。これがかの有名な幼稚産業保護論に対する論駁であります。その理論では、新しい産業は、古い産業から守られなければならないと言われています。この場合においても、判断は新しい場所の優越性に依存しなくてはならないでしょう。新しい場所の優越性が十分なら、外的な援助がまったくなくても産業は移転するはずです。優越性が十分でなければ、そのような移転のために産業を援助するのは浪費なのです（たとえば、綿花は南方で栽培されていたにもかかわらず、織物産業はニューイングランドで発達しました[2]。最近では、外的援助が何もなくても、繊維工場は南方に移転し続

訳注2　ニューイングランドは、アメリカ合衆国北東部に位置する地域であり、メイン州、ニューハンプシャー州、バーモント州、マサチューセッツ州、ロードアイランド州、コネチカット州からなる。

けています)。もし資本財の廃棄によって得られる便益が十分に大きなものであるなら、その変化はきっと生じるでしょう。

技術的後進性と経済的後進性は同じものではありません。この技術的後進性を取り除くために必要となる資本が、どこか他の場所で私たち一般購買者にとってより差し迫ったことに利用されているとするならば、新しい設備に讃えるためだけにその資本を用いることは、経済的には極めて深刻な間違いでしょう。というのも、適切な機械がすでにあるからです。

損益の役割

資本財は不足しています。厳密に言うと、経済問題というのは、まだ満たされていない喫緊の需要を満足させるために、消費者が資本財を用いようとする事実からなるのです。経済問題というのは、ある製品よりも重要度が低いものを生産するために資本財を用いることではありません。というのも、重要度の低い生産に資本財が利用されているという事実のために、まさにその製品の生産に着手することができないからです。これが、採算が取れないということの意味であります。事業家は「これは採算が取れない。そのプロジェクトを開始することはできるかもしれないが、利益はでないだろう。だからそのプロジェクトに取り組むべきではない」と言います。社会主義者は次のように反論します。「事業家たちはなんて貪欲なのだ。彼らは、利益がでないものではなく、利益がでるものだけを生産したいのだ」と。しかしながら、企業の採算が取れないのは、生産要素価格と利子率を与えられたものとすれば、期待される売上高が支出を下回るからなのです。

銅の価格が昔よりも上昇しているとすれば、どんな意味があるのでしょうか。それは、消費者は別の製品の生産に使われる銅のためであれば喜んで高い支払をすること、そして消費者は現在の使い道であれば銅に高い支払をしたくないことを意味するのです。消費者が価格を高くするので、別の製品の生産が収益的になるのです。反対に、銅の供給が増加するなら、もしくは、これまで銅を利用してきたある部門が銅の代わりに何か別のものを利用するなら、銅はより容易に利用できるようになります。そして、昨日は儲けにならなかったことが、今や銅を用いることで収益的になるのです。究極的には、消費者こそが彼らの購買によって、何が生産されるべきか、何が生産されるべきでないかを決めるのです。

アルミニウムが最初に導入されたとき、コストがとても高かったので、多くのものはアルミニウムを用いて生産することができませんでした。ナポレオン三世（一八〇八－一八七三）は、自身の騎兵隊にアルミニウムの甲冑を与えるというアイデアをすぐに思いつきました。しかしそれはとても高価で、銀で甲冑を作って彼らに与えた方が安いというほどでした。私が子供のころ、アルミニウムは子供の玩具に使われていましたが、当時本当にお金のかかる産業的用途に、アルミニウムを用いることはほぼ不可能だったのです。徐々にアルミニウムの生産は改善され、多くの商品にアルミニウムが使われるようになりました。今日において、高品位の金属をある種の化学的用途に使用することは不利益なように、数年前までアルミニウムを使用することは不利益だったのです。

「利益でなく、使用のための生産」というスローガンは、意味のないものです。事業家は利益のために生産します。しかし、消費者が事業家の製品を使用したいと思うからこそ、消費者が他のものよりもさし迫ってそれを使用したいと思うからこそ、事業家は利益を得ることができるのです。

損益がなければ、生産の指標はなくなってしまいます。損益こそが、消費者の最も喫緊に必要としているものは何かを、どのくらいの品質でどれだけの量を必要としているのかを、事業家に指し示すのです。損益がない体制では、事業家は消費者の望みが何であるかを知ることはできませんし、消費者の望みに合わせて生産プロセスを整えることもできないのです。

これに加えて、損益には、消費者のニーズにとって最適な生産手段の利用方法を知っている人たち——もちろん過去、すなわち昨日までのことですが——の手に生産手段の所有権を移転するという役割があります。これは、将来にも最適な方法で生産手段が使用されることを保証するものではありません。しかし、生産手段が最適な方法で使用されなければ、その所有者は損失を被るでしょう。そして、生産方法を変更しなければ、彼らは資産を失い、生産手段の所有者としての卓越した地位から投げ出されてしまうのです。けれども、それは当然のことであり、変えられないことなのです。ある人物について判断する場合、その人物の過去が必ず考慮されます。選挙の候補者は、過去に彼が行ってきたことによってのみ判断されます。同じことは、医者、小売店などの選択にも当てはまりますし、さらには生産者にも当てはまるのです。判断のもとには必ず、過去に対する信用があるのです。

私有財産の役割

過去の利益が、大衆の目から見て、生産手段を非効率に使用した者の手からより効率的に使用すると期待される者の手に、生産手段の所有権を移すのです。ですから、分業を基礎とする制度における生産手段の所有と、封建制度における所有とでは、まったく異なる意味があるのです。封建制度では、征服ないし土地の恣意的な占有によって、私的所有権が獲得されます。所有者とは征服者でした。絶大な力を持つ征服者というのは、軍の指揮官、王、「指導者(Führer)[3]」でした。その他の人々は、絶対的な領主からの贈り物として、私的財産を獲得しました。国王、諸侯、騎士…という完全な階級制度があり、その底辺には何も所有していない人々がいました。諸侯や騎士たちは、より高い権力——王——によって「贈り物」を奪われることで、すなわち王が贈り物を無効にすることで、財産を失う可能性もありました。もしくは、力を得た征服者に打ち負かされるかもしれません。国によって程度の差はあれ、この制度は資本主義がそれに置き換わるまで支配的だったのです。

土地の私的所有の歴史を研究したいのであれば、もちろん、征服、もしくはまだ誰にも所有されていない土地の占有のどちらかに立ち戻ることができるでしょう。この観点から、私的所有権に対するかつての批判者は、「財産は法的な起源を持っていない。それはいかなる法的基礎もなしに権力や征服によって獲得されたのだ」と言っていました。だから、彼らは、「それを現在の私的所有者から取り上げ、あらゆる人たちに与えるべきだ」と言うのです。ここで説明した起源が正しいかどうかは、一つの問題ですが、別の問題として、財産が私的に所有されている現在、何をすべきかという問題があるのです。

社会主義者は、当時と現在の間にある大きな違いを認識することなく、財産の起源に対する批判を受け継ぎました。古い時代に土地の所有者たちは市場とは関係がなかった。この批判は正しいでしょう。市場はありませんでした。わずかな量の取引があったにすぎません。封建領主には、土地から生み出される巨大な所得を費やすための唯一の本当に重要な手段がありました。それが、戦いに備え、数多くの武装した従者を保持することなのです。封建領主の宮廷は、多くの人々が住む（下宿人と言っても良い）巨大な世帯から構成されていましたが、彼らは広大な土地によって支えられていたのです。ブランデンブルク選帝侯国のベルリンでは、一つの事例として、一六世紀に王家の中で顧問官が生活していました。これは市場経済における状況とはまったく異なるものなのです。

市場経済において、私的所有権はいわば社会的機能なのです。なぜかというと、最も安く最良の方法で消費者に奉

訳注３　Führerは、リーダーや指導者の意で、特に政治的、軍事的な指導者を示すが、ガイドといった意味合いもある。ナチスドイツにおいては、総統つまりヒトラーの地位を意味するようになった。

仕することで、ようやくそれを保持することができ、大きくすることができるからです。最も安く最良の方法で消費者に奉仕することを知らなければ、損失を被ります。損失を出した人たちがその生産方法を速やかに修正しないのであれば、彼らは、オーナー、企業家、資本家としての地位から投げ出され、もはや企業家的機能や資本家的機能を持たない地位に移されてしまうのです。ですから、資本主義制度における私的所有権と、封建制度におけるそれとでは、まったく異なる意味があるのです。

私的所有権の批判者は、精神的に中世に生きています（利子や債権者を批判する人々も同様です）。彼らは、誰が、何を、どのくらい所有すべきかについて市場が日々に決定を下していることを認識していません。市場は、消費者のニーズを最も満たし、生産手段を最適に使用する人々に所有権を与えるのです。だから、封建的状況、つまり絶対的な王の下でかつて存在していた状況を用いて、私的所有制度を批判することは正しくないのです。

フランクリン・ルーズベルト大統領（一八八二－一九四五）が言うように、資本主義は本当に試みられてさえいないのです[※1]。昔からずっと重要な課題が残されたままであります。しかし今日、「多くの貴族の富が一七世紀にどのように生じたかを見よ」と言っても無益です。現代の裕福な人々の一部は、豊かな貴族の子孫であるかもしれません。そうだとしても、それが現在の状況と何の関係があるのでしょうか。プロイセンのユンカー〔土地貴族〕は、一九世紀、二〇世紀初頭においてもまだ特権を与えられていました。ユンカーが財産を保持できたのは、帝国政府の全機構が積極的に彼らを保護し、消費者に奉仕する能力のある人々が消費者によって押し上げられるのを妨げていたからなのです。

資本蓄積を妨げ消費者を害する利益課税

成功した企業家の利益を引き下げたり、課税したりする政府措置は、消費者の生産者に対する影響を必ず弱めるということを、認識しなければなりません。たとえば、一九世紀の莫大な産業資産は、事業で成功を収めた革新者（イノベーター）によって獲得されました。ヘンリー・フォード（一八六三－一九四七）は、ほとんど何もないところから事業を始めました。彼は莫大な利益を上げましたが、その利益は彼の会社に再投資されました。このように、彼はアメリカでも最大の富の一つを比較的短期間のうちに築き上げたのです。その結果として、大衆向け自動車の大量生産という極めて新しい事態が生じました。フランスのルノー車は、金貨で約一万ドルもしました。それは、ごく少数の金持ちだけが買える豪華な車でした。フォードやその他何人かの人たちの行為によって、自動車は大衆のものになったのです。このようにして、莫大な富が形成されたのです。巨大な百貨店や巨大な工場はこのように発展したのです。しかし、現在、このようなことは起こり得ません。ある人が小さな企業を立ち上げ利益を上げたとしても、この利益の大部分は課税によって吸収されてしまいます。しかしながら、まだいくつかの抜け穴が存在しています。優秀な会計士を雇っていれば、九〇％搾取されるのを避けられるかもしれませんし、もしかすると、わずか七〇％搾取されるだけで済むかもしれません。ですが、再投資されたはずの利益の大部分は、政府に奪われ、現在の支出に費やされてしまうのです。

百貨店の場合、以前は潜在的な顧客をめぐって、古い店は新規の競合他社と争っていました。今日では、もはやそのような事態はありません。小さな店は、政府に利益を奪い取られてしまうので、大きな店に発展することはないでしょう。古い店と新しい店は同じ法の下で運営されており、古く巨大な店はより高い所得税を支払わなければならないということも事実です。しかし、古い店は、巨大な事業に必要とされる資本をすでに蓄積しているのです。その一

※１　「わが党の政策綱領の基本的な命題は、利潤を目的とした自由企業の体制がわれわれの時代において失敗したということではなく、この体制がまだ試みられてさえいないということなのだ」『隷属への道』（Ｆ・Ａ・ハイエク）からＦ・Ｄ・ルーズベルトの引用〔訳は『隷属への道』西山千明訳、春秋社、二〇一一年を参照した〕。

方で、新規参入者は、大規模な企業へと拡大するために必要とされる資本の蓄積を妨げられているのです。だから、その結果として、大きな店の経営陣から競争心が容易に消え去ることになったのです。業務遂行において何の危険も無いならば、古い店は、往々にして「怠惰」になってしまうことでしょう。

消費者主権と損益経営

かつてのような競争心は消えてしまい、巨大企業が官僚的になってしまったがゆえに、資本主義は死を迎えつつあると言われています。しかし、資本主義は死につつあるのではありません。人々に殺されつつあるのです。難病のせいで死に瀕するのと、激しい攻撃や暗殺のせいで死に瀕するのとでは違いがあります。資本主義に反対する議論として、事業における競争心が弱くなっており、企業が時折官僚的であるという事実を用いることは、おかしなことです。これは、正確には、人々が資本主義体制に対して戦いを挑んでおり、その存在に不可欠な諸制度を許容したくないという事実のためなのです。ですから、一方では企業経営の下での損益と、他方では官僚的経営の下でのそれとの間にある違いについて説明したいと思います。

損益経営は、市場主権すなわち消費者主権の下にある企業や組織の指針です。そのような組織において、決定的な要素は「収益的か、そうでないか」であります。この尺度は、企業全体に適用されるだけでなく、企業の一部にも適用されます。これこそが複式簿記であり、ゲーテの考えでは、それは組織の先頭に立つ人間が細かすぎる仕事に煩わされることなく事業のあらゆる側面を管理することを可能とする、素晴らしい方法なのです。

そのような会計制度の下で、ある特定の部門や支店が儲かるかどうかを明らかにすることができるのです。たとえば、ニューヨークのある企業が、サンフランシスコに支店を持っていたとしましょう。ニューヨークの企業のトップが適用する必要のある唯一の基準があります。すなわち、「その支店は収益的か」であります。彼は、サンフランシスコ支店のために特別な貸借対照表を用意します。彼は、帳簿上でその支店に必要な資本を割り当て、この支店の費用と売上を比較し、これを基礎として企業全体にとってサンフランシスコのオフィスを続けることは有用かどうか、収益的かどうかを判断するのです。彼は、サンフランシスコ支店長にあらゆる細目を任せることができます。というのも、この男は、責任を負っているということを常に意識しているからです。支店長に利益を分け与える必要はありません。儲からなければ支店は継続せず、職を失ってしまうこと、つまり彼の将来はこの支店にかかっていることを、彼は良く知っているのです。だから、ニューヨークのトップは、サンフランシスコ支店長に「利益を上げろ」とだけ言えば良いのです。ニューヨークのトップは介入しません。というのも、彼の介入で支店が損失を出した場合、支店長は「あなたが私にあれこれ指示したせいだ」と言えるからです。

消費者は最上位です。消費者は必ずしも聡明なわけではありません（まったく聡明でないかもしれませんが）。しかし、消費者が主権者なのです。時に彼らは愚かであるかもしれませんし、心変わりするかもしれません。しかし、彼らが主権者だという事実を受け入れなくてはならないのです。事業家は、消費者の主権の支配下にあります。もちろん、事業の支配者層全体にとっても同じことが真実です。決定的なのは消費者の声なのです。「この人たちは、趣味が悪い。私は他のものを買うことをお勧めするね」と言って消費者を批判するのは、生産者や製造業者のすべきことではありません。これは哲学者や芸術家の仕事です。偉大な絵描きやリーダー、歴史に名を残したいと考える人間は、趣味の悪い消費者に屈してはなりません。しかしながら、事業家は損益経営の支配下にあり、あらゆる細部にわたって消費者の望みに従って方向づけられるのです。消費者は主権者です。彼らは製品を購入し、この購入によって生産者の正当性が担保されるのです。もし購入が政府介入によって弱められないのであれば、これが損益経営であり、消費者のための生産なのです。

官僚的経営とは何か

それでは、官僚的経営とは何なのでしょうか。しばしば大きいことと官僚制とが混同されます。マックス・ウェーバ（一八六四－一九二〇）[4]のような卓越した人物でさえ、官僚制の本質的要素は、人々が机に座り、多くの事務をこなすことだと考えました。これは官僚制の本質的な特徴ではありません。官僚制の特徴は、必要ではあるが、販売することができず、市場で値がつかないものを扱うことにあります。たとえば、ギャングやその他犯罪者から個人を守る仕事があるでしょう。これは警察部門の仕事です。その仕事は、極めて重要で欠くことのできないものです。しかし、警察部門のサービスは、市場で販売することができません。だから、靴工場事業を判断するのと同じ方法で、これら警察事業を判断することはできないのです。靴工場は「我々は利益を上げているので、大衆から認められている」と言うことができます。警察部門は「地方議会や国会を通して、大衆から認められている」と言うことしかできません。だから、警察制度が使用しなくてはならない経営システムは、官僚制なのです。

国民は議員を選出し、議会は警察部門を含む政府の諸機関にどのくらい支出するかを決定します。貨幣で警察部門の成果を評価することはできません。だから、警察部門では、民間事業と同じように簿記や会計監査を用いることができないのです。民間事業では、貨幣を用いて支出と売上が比較されます。警察部門では、支出と売上を比較することはできません。警察部門には、支出しかないのです。たとえば、警察部門の売上には、深夜でさえ街中を安全に歩くことができるという事実が相当するでしょう。そのような売上は、貨幣で評価することができないのです。

議会は警察部門の予算を策定します。彼らが支出すべき資金総額を決定するのです。彼らは、警察部門に対して、いかなるサービスを提供すべきかをも指示しなければなりません。予算が増えれば、ＦＢＩの仕事は間違いなく向上するでしょう。しかし、予算以上に支出を増やさないということが、国民の意思なのです。だから、司法長官はＦＢ

Ｉにすべきこととすべきでないことを指示するのであり、これらの決定を「部門長〔ＦＢＩのトップ〕」に任せることができないのです。だから、役所の責任者は、事業家には不必要に見える多くのこと――どのくらいの頻度で掃除をするべきか、何台の電話を設置するべきか、ある建物を何人で監視するか等々――についての指示を出すのです。これら詳細な指示は不可欠です。なぜならば、官僚制において、何がなされなければならないか、そして何がなされてはならないかということは、その様なルールによって決められるからです。さもなければ、総予算に注意を払うことなくすぐに支出してしまうでしょう。予算が限られているのであれば、従業員に対し、彼らができることとできないことを指示しなければなりません。これは行政府のどの部門にも当てはまります。

税制が企業を浪費的で官僚的にする

これが官僚制です。そして、これらの領域では、官僚制は欠くことができません。「ここに大きな病院があるが、それを用いてやりたいことをせよ」と指示して、個々の従業員に任せることなどできないのです。議会や州、合衆国によって、上限が決められ、それぞれの部門の支出は制限されなければなりません。この官僚的経営方法は、利益経営の下では適合しないのです。もちろん、民間企業の利潤動機が弱められているのなら、そこに官僚的な考え方や官僚的経営が紛れ込んでいるのです。

今日の超過利潤税、法人税、企業株主に対する所得税を考えてみますと、多くの企業は、新しい支出額を計算する

訳注４　マックス・ウェーバは、ドイツの社会学者、経済学者（歴史学派）である。ミーゼスは回顧録の中で「戦争の最後の数か月間、ウェーバが一学期間講義した際に、私たちは良き友人となった」と述べている。（Mises（2013）［1973］*Note and Recollections*. Liberty Fund, p.47.）

際、「もちろん、それは余分な一〇〇ドルの支出だ。しかし、企業の収益に対して八二％も税を支払わなくてはならないことを考えると、その支出ははるかに安いのだ。もし事業に一〇〇ドル支出しなかったとしても、結局のところ八二ドルの税を支払わなくてはならない。だから、この一〇〇ドルの支出は、企業にとって、たった一八ドルの費用なのだ」と言うのです。このように計算する人々は、もはや総支出とそれが市場で生み出す便益とを比較することはありません。彼らは、自身の所得に影響する支出の一部だけを比較するのです。言い換えるならば、事業において一〇〇ドルの支出をする際、企業は気前よく、浪費的で、金遣いが荒くても困らないのです。企業は、もはや消費者の望みを第一に考えないでしょう。

もしこの税制度が続くなら、最終的に完全な政府支配へと導かれることもあり得ます。たとえば、政府が企業所得の一〇〇％を押収する場合、その事業費用は完全に差し引かれ、その責任は政府に帰せられるでしょう。そうなれば、企業は消費者主権について、もしくは消費者が生産者の費用を補うだけの支払いをしたいかどうかについて何の心配もなくなります。そして、支出を低く抑えるということについて何の心配もしなくなるでしょう。しかし、そうは言っても、政府は、企業が望むままの経営を認められるはずがありません。政府は、企業経営のあらゆる側面をコントロールしなければならないでしょう。従って、企業は官僚的で浪費的になっていると耳にすることがあるのなら、それは巨大企業や資本主義、制約されない市場制度の結果ではありません。それは、政府の課税、もしくは巨大企業、資本主義、市場制度に対する政府介入の結果なのです。

9th LECTURE

第9講義

海外投資と資本主義の精神

Foreign Investment and the Spirit of Capitalism

一七世紀中頃、世界の経済状況は現在よりもずっと均一でした。もちろん野蛮な集団もありましたが、それらを除けば、世界の大部分は、大概、似たような技術水準や文明度に達していたのです。その後、一部の国々で根本的な変化が起こりました。西洋で資本主義が発達したのです。資本蓄積と投資が生じ、道具が整えられ、西洋文明は発展しました。今日では、「先進」諸国における西洋文明と「後進」諸国における状況との間には、計り知れない違いがあるのです。

一九世紀初頭から中頃にかけて、この違いはかなりはっきりとしたものになりました。一七〇〇年には、イングランドとルーマニアの生産方法に特筆すべき違いはありませんでした。しかし、一八五〇年までにはその違いは大きなものになりました。その後、違いがあまりに甚大になったので、この不均衡は決してなくなることはなく永遠にそのままだろうと言われていましたし、そう信じられていたのです。

先進国と後進国を分ける精神

この違いの原因として、西洋に大きな資本投資（本当に巨額でした）があったという事実があげられます。しかし、この資本投資や資本財は中間生産物にすぎません。これら先進諸国の優位点というのは、時間の問題にすぎなかったのです。西洋諸国は、経済的状況の改善に向けてより早く歩み始めていました。後進国は、まだこれから歩み始めなければなりませんでした。しかし、問題は時間だけだったのです。それはゆっくりとした過程だったことでしょう。しかしながら、これら後進国は容易に企業を発見することができたはずです。というのも、後進国は劣った生産方法を試みる必要などなかったからです。彼らは西洋諸国からただそれらを引き継ぐことができましたし、新しく発明する必要もありませんでした。おそらく多少の差は残ったでしょうが、時間とともに、経済水準の格差は減少したことでしょう。

西洋文明の技術的発明は、隠されていたわけではありません。「後進」国の最も聡明な若者は、生産技術をできる限り学ぼうと西洋の学校に通い、母国に西洋の技術をもたらしました。しかし、技術だけの問題ではなかったのです。「後進」国に欠けていたものは、西洋で資本主義を生みだした精神態度であり、その精神態度から生じる諸制度だったのです。

資本主義は、「後進」諸国では発達できませんでした。なぜかというと、人々が資本主義を嫌っていたからでした。これらの国々は、法の支配がある西洋には存在しないような危険に事業家が晒されたからでした。これら「後進」諸国（大部分は東洋ですが）にとって重要なことは、精神態度、つまり経済問題に対する考え方を根本的に変えることだったのです。認識しなければならなかったことは、豊かな人の数が増えるということは貧しい人にとっても良いことであり、豊かな人々の存在は大衆の貧困の根絶には不可欠であるということなのです。しかし、この考え方は、後進国の人々の心には浸透しませんでした。ヨーロッパから遠ざかるにつれて、資本主義的発展の本質が専門知識や資本財にあるのではなく、大規模な資本や資本財の蓄積を可能とした精神態度にあるというのは、理解され難くなっていったのです。

「後進」諸国、特にアジア諸国の人々は、技術的後進性だけを見ていました。これらの国々が強力な政府を備えており、強力に自国を支配していたならば、最初に欲したこと、何よりうらやましく思ったことは、西洋で製造される優れた兵器類でした。これら東洋の君主たちは、まず優れた銃を得ることに関心を示しました。他のことにはほとんど関心を示さなかったのです。しかし、戦争を人間精神の重要な表れと見なさなかった愛国者たちは、技術に関心を持ちました。だから、彼らは自らの子弟を西洋の工業大学に送り、教授や工場経営者を母国に招聘したのです。しかし、彼らは東洋と西洋の間にある本当の違い、考え方の違いを理解していませんでした。

もし「後進」諸国の人々が孤立したままだったとしたら、おそらく彼らは自国の状況を改善しなかったでしょうし、自国を「近代」国家に変化させるのに必要なイデオロギーを受け入れなかったことでしょう。仮に彼らがそれを成したとしても、非常にゆっくりとしたものだったはずです。彼らには、根本から始めることが必要だったのです。まず、彼らは、たとえば、鉱山設備を整えるための資本を蓄積しなければならなかったことでしょう。それから、鉱石生産が可能となり、次にその鉱石を用いて金属生産が可能となるのです。そして、ようやく鉄道を建設することができるのです。それは、長くゆっくりとしたプロセスだったことでしょう。

世界を変えた海外投資

しかし、実際に起こったことは、一八世紀には誰も考えもしなかった現象でした。海外投資が発達したのです。世界史の観点から考えるなら、海外投資は最も重要な現象でした。海外投資というのは、西洋の資本家たちが、「後進」諸国の経済システムの一部を近代社会へと変化させるのに必要な資本を供給することを意味したのです。これはまったく新しい出来事で、それ以前の時代には知られていませんでした。一八一七年、リカードが『経済学および課税の原理』を執筆したとき、彼は海外への資本投資がないことを事実として単純に仮定していたのです。

一九世紀に発達した資本投資は、十五世紀以降に発達した旧植民地体制下で行われていたこととはまったく異なるものでした。当時行われていたことは、西洋では得ることのできない、農業資材、天然資源、生産物の探索でした。植民地保有国の貿易欲求に対する愚かな説明として、それらの国々は自国生産物を売るための外国市場の獲得に関心があった、というのがありました。実際のところ、植民地保有国は、資材を獲得するために植民地を搾取したのです。欲する外国の資源や生産物をタダで獲得できたとき、彼らはとても喜んだのです。これら草創期の植民地開拓者たちは、大抵の場合、商人というよりも海賊や盗賊でした。欲する物を奪えなかった場合に備えて、ある種の緊急措置としてだけ、海外への販売を考えたのです。実際のところ、彼らは投資にほとんど関心がなく、原材料だけを欲したのです。

もちろん、彼らは、本国の一部住民たちがこれら植民地に移り住み、農業生産を始めるのを、防ぐことはできませんでした。一五世紀から一八世紀にかけて、これら植民地の冒険的事業の副産物として、海の向こうでいくつかの重要な植民地が発達しました。最も重要なのは、もちろん、アメリカ合衆国であり、次にラテンアメリカ諸国です。しかし、ヨーロッパの商人たちは、下層階級の何人かがアメリカに入植したという事実にほとんど関心を持ちませんでした。長い間、彼らはおそらくカリブ海の島々をより重要と考えていました。というのも、そこでは彼らの欲する砂糖を生産できたからです。アメリカへの入植は、旧植民地政策から生じたものではありません。政府の意図とは無関係に発達したのです。

一八世紀には、北アメリカの植民地でいくらかの投資が行われていました。しかし、まだ大きな歴史的意義を持つ現象ではありませんでした。実質的な海外投資は一九世紀に始まったのです。この海外投資は、外国政府に支配されている地域で生じたという点で、かつての植民地投資とは異なるものでした。

この海外投資は、異なる二つの方法で発展しました。一つは、各々の植民地への投資、すなわち西洋諸国に従属している国々、たとえばイギリスのインドへの投資があげられるでしょう。しかし、とりわけ重要なのは、政治的に独立している国々への投資であり、そのうちのいくつかはアメリカのように極めて発達しました。たとえば、アメリカの鉄道は、その大部分をヨーロッパ資本の助けを借りて建設されました。アメリカ、カナダ、そしてオーストラリアにおける投資は、他の外国における投資とは異なっていました。というのも、これら三つの国々は、ビジネス精神の有無という点において「後進」ではなかったからです。これらの投資は、可能な限り最良の方法で用いられ、また後に完済されたために、まったく異なる歴史があるのです。一八六〇年代や七〇年代において、ヨーロッパの人々にとって最も重要な投資機会の一つがアメリカへの投資だったのです。

もちろん、ある国への資本投資は「貿易赤字」を意味しています。一九世紀、アメリカ合衆国は資本を輸入しました。従って、一九世紀、アメリカでは概して、輸出を超える過剰な輸入が存在したのです。またその一方で、一八九〇年代から、アメリカ合衆国は、ヨーロッパの人々が行った投資を返済し始めました。その後、輸出が輸入を超過するようになり、貿易収支は「黒字」になりました。その黒字の部分は、かつてヨーロッパ人に販売されたアメリカの株式や債券をアメリカ国民が購入するのに使われました。第一次世界大戦が終わるまで、この状態が続き、その後、アメリカ合衆国は世界最大の投資大国になったのです。

ヨーロッパ（後に北アメリカ）からこれらの国々に流れた資本が、ヨーロッパや北アメリカ諸国の経済発展を可能にしたのです。この海外投資のおかげで、自分たちの力ではまったく発展しなかったはずの国々、もしくは、おそらく実際に発展したのとは違う方法でずっと後になってからようやく発展したはずの国々で、特定の生産部門が発展しました。その結果、投資した国々と投資された国々のどちらにも恩恵がもたらされたのは明らかです。

海外投資に対する敵意

海外投資から恩恵を受けた多くの国々で、すぐさま外国人投資家や外国人債権者に対する敵意が生じました。そのような事態は、アメリカ合衆国でさえいくらか生じました。南北戦争の間、アメリカ連合国[1]がヨーロッパから取るに足らない融資しか得ることができなかった理由の一つに、ジェファーソン・デイヴィス（一八〇八－一八八九）[2]が投資家の記録に汚点を残していたことがあげられます。デイヴィスが連合国大統領になる以前、彼はミシシッピ州債の支払拒否に向けて働きかけており、しかも当時のヨーロッパの銀行家は記憶力が良かったのです。とはいえ、そのようなことは、アメリカよりも、他の国々で頻発していました。

一方では、外国人投資家や外国人債権者をどのように扱うべきかについての明確な考えを持つ国々が存在し、他方では、そのような対立が深刻になったとき、いわゆる国民の「権利」を守るために介入を待ち構える、ヨーロッパ諸政府が存在していました。実際のところ、これらヨーロッパ諸政府は、国民の「権利」にそれほど関心がありませんでした。それらの国々は、植民地征服のための口実を欲していたのです。ウィーン会議（一八一四―一八一五）[3]の後、概ね平和が保たれていたヨーロッパで軍の将校になるというのは、とても不愉快な境遇でした。政府（とりわけ陸軍や海軍）は、海外での成功を切望しました。彼らは勝利を欲しましたし、世論が勝利を望んでいると信じる人たちも存在しました。もし戦争を仕掛けたならば、打ち負かされ、その名声は地に落ちてしまう可能性もありましたが、これによって、一部の政府は植民地の収奪へと導かれたのです。たとえば、ナポレオン三世の率いる政府は、メキシコ共和国においてフランス人投資家が本当に酷い境遇にあることに頭を痛めており、一八六〇年代にメキシコで大きな賭けに乗り出しました。[4]最初、それはフランス軍にいくらかの成功をもたらしましたが、フランスが望んだような結果にはなりませんでした。

海外投資から利益を得ていた国々は、海外投資の意義を誤解しており、外国人投資家への敵意が広がってしまいました。世界中で、国家主権の原則が受け入れられるようになったのです。その原則によると、もしある国の国民の権

訳注1　アメリカ連合国とは、南北戦争の際、合衆国から離脱したアメリカ南部諸州からなる国家のことである。
訳注2　ジェファーソン・デイヴィスは、一九世紀アメリカの軍人、実業家、政治家。彼は、ミシシッピ州の選出の下院議員（一八四五―一八四六）、上院議員（一八四七―一八五一、一八五七―一八六一）を務めた後、一八六一年にアメリカ連合国の大統領となった。
訳注3　ウィーン会議とは、ナポレオン戦争後の国際体制構築のために、一八一四年にウィーンで開かれた国際会議でヨーロッパ各国が参加した。
訳注4　いわゆるメキシコ出兵。ナポレオン三世は、一八六一年にメキシコ共和国に出兵し、六三年に首都メキシコシティを陥落せしめ、六四年にハプスブルク家のマクシミリアンをメキシコ皇帝に即位させた。その後、メキシコ共和国軍が盛り返し、六七年フランス軍は撤退し、メキシコ皇帝は処刑された。

利が他国で侵害されていたとしても、その国は干渉する権利を持たないのです。これは主権主義と呼ばれました。外国人投資家の足枷となる法律をあれこれ議論したいわけではありませんが、その敵意の結果として、ある国に流入した海外投資や海外融資は完全に各々の主権国家のなすがままになってしまったのです。これらの国々は、外国人を収奪者であると断じ、論じる価値もない様々な理論によって搾取の存在を明らかにしようとしました。

マルクス主義者は、海外投資と帝国主義とを関連づけるいくつかの理論を提供しました。それによると、帝国主義は悪であり、いかなる犠牲を払ってでも撤廃しなければならないのです。このマルクス主義の理論、特にローザ・ルクセンブルク（一八七一－一九一九）の理論は、カール・マルクスの価値論全体を論じることなしには説明することができません[5]。帝国主義についてのこのマルクス主義理論が断じるには、資本を輸出する国、資本を輸入する国のどちらにとっても、外国資本は有害なのです。海外投資は帝国主義であり――帝国主義は戦争を意味しますが――だから海外の国々は征服者なのです。純朴な新聞の読者たちは驚愕しています。というのも、今日では事実上海外投資を行うことができる唯一の国、アメリカ合衆国が帝国主義的な強国であり、アメリカが他国に貸し与えた融資がその国に対する侵略行為であるということを耳にしたからです〔第二次大戦後、アメリカ合衆国は戦争で荒廃した国々に多額の資金を援助していた〕。これがこの理論の帰結なのです。しかし、これは真実なのでしょうか。この理論が断定するように、ある国の資本家たちは、自国民に資本や追加的資本投資の利益を与えまいとして、外国に入り込んだのでしょうか。

自国の消費を支える海外投資

個々の資本家的企業家の動機を見てみましょう。なぜ彼は自国に投資しなかったのでしょうか。それは、彼は自国に投資するよりも海外に投資した方が収益的であると信じたからです。なぜでしょうか。それは、国内市場の消費者が、国内産業の拡大によって生産可能となる生産物よりも、外国の資源を用いてようやく生産可能となる生産物を差し迫って欲していたからなのです。たとえば、少し前までヨーロッパには実質的に石油生産がありませんでした。ルーマニアや後にポーランドの一部となるオーストリア＝ハンガリー帝国のある地域における質の劣る石油を除き、石油は実質的に生産できなかったのです。だから、消費者が石油製品を求め始めたとき、ヨーロッパでの産業拡大ではなく、海外で石油に投資することが収益的になったのです。他の多くの製品についても同じことが言えます。たとえば、ヨーロッパで生産される食用油や石鹸の大部分は、ヨーロッパで栽培できない植物から作られていました。ヨーロッパの消費の大部分は、ヨーロッパではまったく生産できない原材料か、もしくはヨーロッパではかなり高い費用でようやく生産できる原材料から作られる製品から構成されていたのです。

一九世紀初頭、自由貿易に反対する保護主義が問題となったとき、イギリスの自由貿易主義者のスローガンに、一般的なイギリス人の朝の食卓にある商品はすべて直接間接に海外から輸入されている、というのがありました。たとえ、それらの一部が国内で生産されていたとしても、それは海外の肥料や飼料によって生産されていたのです。イギリス人の朝食のための生産物を開発するために、ヨーロッパの投資家は海外に出向いたのであり、その過程で彼らはイギリス製品の需要を拡大させたのです。投資家は、輸送システムや港湾なども整備しなければなりませんでした。ですから、ヨーロッパの消費者、その後のアメリカの消費者が資本の輸出によって打撃を受けたというのは、まったく事実ではありません。ヨーロッパやアメリカの消費者が欲する商品の生産に投資するために、資本は輸出されたの

訳注５　ローザ・ルクセンブルクは、主にドイツで活躍した女性マルクス主義活動家および理論家。ポーランド社会民主党やドイツ共産党を設立した。第一次世界大戦末期のドイツ革命において、ドイツ義勇軍に捕らえられ、殺害された。主著『資本蓄積論』（一九一三）において、帝国主義は資本主義の本性に根差し、資本主義発展の最終段階であるとした。

です。ヨーロッパ諸国の国内資源は、嘆かわしいほどに不十分でした。ヨーロッパの国々は、国内資源を用いて自国の全国民に食料と衣服をあてがうことなどできなかったはずです。現在、イングランドには産業革命初期の頃の七倍以上もの人口がいるにもかかわらず[※1]、生活水準は比較にならないほど向上しています。これは、イングランドや外国に資本が投資され大規模生産が始まったことによって、はじめて可能となったのです。鉄道や鉱山等々を見てください。

外国資本の接収

第二次世界大戦の直前、イギリスの経済構造の特徴は、輸出よりも約四億ポンドも多く輸入することにありました。この超過分の五〇％は、イギリスが海外に所有する企業の配当や利潤、もしくはイギリスが所有する外債の利子で支払われていました。イギリスの生活水準はこれに支配されていたのです。第二次世界大戦の間、これらイギリスの海外投資の一部は、多くの場合、アメリカに売却されました。その売却によって、戦費やレンド・リース法[※2]が開始される前に必要とされた輸入超過分が賄われたのです。そして、戦後、レンド・リース法が終わったとき、イギリス政府はもはやアメリカの融資（実際それは贈与だったのですが）がなくては、自国民を食べさせることができないと宣言しました。しかし、この融資でもまだ十分ではありませんでした。アルゼンチン政府は、イギリスが所有する鉄道株式を接収し、これら接収にはイギリス通貨が支払われました。その後、イギリス政府はアルゼンチンからこの補償金を得た人々に課税し、これを用いてアルゼンチンから小麦、肉、その他の食材を購入したのです。これは、資本の消費の典型的事例です。食糧（現在の消費）を得るために、鉄道の形で蓄積された過去の貯蓄が売却されたのです。これは非常に特徴的で、これら海外投資がいかに消費されるかを示しています。

しかし、イギリスを含む、ヨーロッパの海外投資の大部分は、ただ没収されたのです。アメリカ合衆国にとって、これら接収や債務履行拒否はたいして意味のあることではありませんでした。というのも、アメリカが比較的豊かであり、これら投資が経済的にそれほど重要ではなかったからです。さらに、私の意見では、アメリカはまださらなる資本を蓄積しています。しかし、イギリス、ドイツ、スイス、フランスやその他の国々にとって、このことは、深刻な富の減少を意味します。それら国々が海外に投資したのは、自国の富を外国に与えたかったからではなく、投資から所得を獲得したかったからなのです。

接収には様々な方法があります。

1．共産主義的方法：もし政府が共産主義に移行するのであれば、政府は「もはやいかなる私有財産も存在しない」とただ宣言すれば良いのです。政府は何も支払わずに獲得できます。支払うと主張する場合もありますが、実際にはこの補償金を支払わない口実を見つけているのです。

2．過酷な課税：もちろん、いくつかの貿易協定には、外国人へのいかなる差別も禁止する規定があり、これには課税による差別も含まれています。しかし、外国人に不利益があることを隠して法律を作ることができるのです。

3．外国為替管理：これは最も広く普及した方法です。外国企業はある国での取引で利益を上げます。しかし、外国為替管理法によって、これら利益の国外移転が妨げられるのです。たとえば、ハンガリーを考えてみましょう。ハンガリーには、その多寡にかかわらず、普通株式や債券を所有する外国人がいました。ハンガリー政府は次のように

※1　イギリスの人口は、一七五〇年に推定六〇〇万人であり、一九五二年には四一一四万七九三八人（1952 World Almanac）となっている。

※2　一九四一年三月一一日のアメリカ合衆国レンド・リース法は、アメリカ合衆国大統領が、「（アメリカ合衆国の防衛にとってその国の防御が不可欠だと考える）国々へのいかなる防衛物資の、売却、所有権の移転、交換、賃貸、貸与もしくは処分すること」を可能にするものである。防衛物資には、武器、弾薬、航空機、航洋船、機械、原材料、特定の農産物が含まれた。アメリカ合衆国は、中立国でありながらも連合国の戦争活動を支えることができた。

言います。「もちろん、あなた方はまったく自由だ。あなた方は利子や配当を受け取る権利がある。しかし、この法律は外国人のためだけでなく、ハンガリー人のためのものでもあるのだ。法律は国外への資金移転を禁止している。ハンガリーに移住しなさい。そうすれば、資金を獲得できるでしょう」と。しばしば外国為替管理を用いる国は、稼いだ利益のすべてを短期間に使用することさえ認めません——それは月々の支払いに分割されるのです。実際問題、これは接収を意味します。生産者が本当にその国にやって来ればの話ですが、それらの国々が生産者に対して本当に欲していることは、彼がその国で稼いだ利益だけでなく、彼がその国に持ってくる彼自身の資金を奪うことなのです。実際のところ、これは海外投資の終焉を意味します。過去、外国への資本投資を望んでいた人々は、状況の改善を期待していたのです。しかし、今やこれは当てはまりません。

中世には、裕福な君主や支配者たちは自らの帝国をあちこち旅していました。彼らが言うには、自らは裁判官であり国土を見守らなければならないのです。しかし、旅の本当の経済的理由は別にあります。君主、たとえばドイツのカイゼルは、国の様々な場所に広大な土地を所有していたのです。そこで生産されたものを消費するために、彼らは従者を連れて旅したのです。商品を君主の宮殿へと動かすよりも人が商品のもとに移動する方が簡単だったのです。これは、為替管理が与える権利——すなわちそれらが生産されたところの周辺で財を消費することと等しいのです。

中国政府はとても巧妙でした。イギリス人から接収しなかったのです。最初に、彼らはイギリス人が利益を輸出することを禁止しました。それから、イギリス人に利益が出ないような方法で経営することを強いました。さらに、イギリス人が追加的な金銭を中国に送らなければならないように税も要求しました。最終的に、共産主義者とは仕事ができない、すなわち投資できないということを、イギリス人に認識させたのです。

メキシコ油田の接収は、債務履行拒否、債権の未払いによって達成されました。

海外投資の話は、手短に語ることができます。投資は消え去り、栄光や称賛だけが残るのです。その結果として、現在、人々は海外投資の準備がほとんどできていないのです。

第一次大戦と第二次大戦の間、公然ともしくは間接的に、外国人投資家に債務履行拒否を行った国々で、依然として投資が存在したことは驚くべきことでした。ドイツ国債が金建てではなくマルク建てだったために、ドイツマルクが崩壊した際、アメリカ人投資家は多くの金銭を失いました。それでもなお、この期間にアメリカ人投資家から融資を得ることに成功したドイツの地方自治体があったのです。時として、これらアメリカ人投資家は、単に「世間知らず」でした。彼らは、自らが何をしているのかを理解していなかったのです。

スウェーデン政府は金ドル建て債券を発行しました。彼らは金建て借款によって資金を獲得し、アメリカマッキンリー金貨に限定されるアメリカドルで返金することを約束しました。その後一九三三年、アメリカ合衆国は金本位制から離脱しました。アメリカ通貨が変更されるという思いがけない出来事に対して、スウェーデン公債には厳密に定められた規定がありました。しかし、まもなく、スウェーデン政府は「債券で指定されているマッキンリー金貨ではなく、新しいアメリカドル、すなわちルーズベルトのドル紙幣で返済する」と宣言したのです。そのような状況では、海外投資を獲得するのはとても難しいでしょう。

公的海外投資の問題

ラテンアメリカには、国債市場がない国もありました。これらの国々は、アメリカから民間融資を得ていました。しかし、もはやそのような融資を得ることはないでしょう。この民間投資制度を代替するものとして、かつてのレンド・リース法が、そして今や対外援助があるのです。それは、アメリカの納税者がこれらの国々に融資ではなく贈与することを意味しているのです。

保証付きで融資するという目的で、諸制度、特に国際世界銀行が設立されました。長い目で見れば、そのような制度は自己破壊的です。アメリカ合衆国が国債を一定のレート、たとえば三％で発行したとすれば、アメリカはその国債に責任があります。アメリカの保証付きで外国政府がそのような国債を発行するならば、アメリカはこの国債にも責任を持つのです。もしアメリカが返済しないなら、間違いなくこの外国政府も返済しないでしょう。今度は、この外国債の利子がたとえば四％というように、より高くなるとしましょう。するとアメリカ政府は、自国の国債と競争することになるのです。もし外国債がアメリカ国債に対して優位性を持つならば――すなわち高い利子だけでなくその上アメリカ政府の保証まで持つならば、アメリカ政府は自身の国債を三％で売る立場にはいられないでしょう。だから長期的にはそのような制度は普及し得ないのです。最終的な結果として、もはやいかなる民間投資も存在しなくなるでしょう。

海外への公的投資は、民間投資とは極めて異なるものです。アルゼンチンの鉄道がイギリスの私的個人に所有されていたとき、アルゼンチン政府の主権に対する侵害はありませんでした。しかし、たとえば鉄道や港が外国政府によって所有されるとすれば、これはまったく異なることを意味します。それは経済問題より政治問題が重要になるということを意味するのです

ポイント・フォア計画〔後進地域開発計画〕※3は、海外投資の欠如という悲惨な結末を取り除くためのまったく稚拙な試みです。その背後にあるのは、これら後進国に「ノウハウ」を教えようという考え方です。しかし、アメリカには「ノウハウ」を持った才能あるエンジニアが数多くおり、彼らは、この国で獲得した知識と経験を生かすことのできる地位を海外で提供される可能性があるのです。そのような理由から、ポイント・フォア計画は必要ではないのです。加えて、何百さらには何千もの外国市民がアメリカやヨーロッパの大学に在籍しており、これらすべてを学んでいます。印刷技術は五〇〇年前に発明され、今や印刷された教科書があるのです。英語を読むことができない人に

は、これら教科書の翻訳があります。多くの賢い中国人がいます。もし中国の工場が遅れているならば、それは「ノウハウ」を獲得することができないためではなく、必要とされる資本を持っていないからなのです。

後進諸国の問題

一九四八年にアムステルダムで世界教会協議会の会合がありました。その会合において、西洋諸国だけが機械の利益を享受し、一方でアジアやアフリカの生産方法が遅れているというのは不公平かつ不当である、という声明が発表されました。もし天地創造の八日目に、神は限られた量の機械や病院をお創りになりそれらを平等に分配されたのに、西洋がその割り当てよりも多くを奪い取ったとするなら、その状況は不公平だと言えるでしょう。しかし実際のところ、資本主義諸国はこれら「後進」諸国にとても高価な設備や機械を贈与したのです。「後進」諸国は、それらをただ没収したにすぎません。これらの国々は、資本主義の意味を理解していませんでした。彼らは、機械や病院が資本主義だと考えました。しかし、資本主義とは精神態度であり、その精神態度から現れた諸制度によって、西洋で資本の発達が可能となり、これらすべてが作り上げられたのです。西洋は、自国で作られた資本から生産方法を発達させたと言えるでしょう。資本主義は物質ではありません。それは精神性なのです。

ネルー（一八八九－一九六四）[6]は、「私たちは、民間企業をあらゆる方法で奨励したいのです。少なくとも一〇年

※3　一九四九年一月二〇日にハリー・トルーマン大統領によって公表された「低開発地域の改善と成長のための」アメリカ政府外国援助計画である。Henry Hazlitt, *Illusions of Point Four* (Irvington-on-Hudson, N. Y.: Foundation for Economic Education, 1950) を見よ。

訳注6　ジャワハルラール・ネルーはインドの初代首相。ガンジーと共にインド独立を指導し、一九四七年に首相に就任、一九六四年まで務めた。彼は国内において社会主義的計画経済を実行した。

間——それどころかおそらくそれ以上——私たちは、民間企業を接収しないでしょう」と言ったと報じられています。将来のどこかで接収すると言うなら、投資は期待できません。だから今のインドの状況は、イギリスが支配していた頃よりもずっと悪いのです。当時はそれでも、イギリスがとどまっており、彼らは事業を接収しないと期待できました。状況は、イギリスがインドに来る以前に支配的だったものに戻っています。もしインド人に貯蓄があるとするなら、彼は貴金属に投資するか、より便利な宝石に投資します。なによりも、これらはそれほど簡単に押収することができませんし、隠すこともできます。必要とあれば、しばらくの間、安全に保管するために、ダイヤモンドを飲み込むことさえできます。鉄道や鉱山は隠すことができません。これが「後進」諸国の不幸なのです。人々は、自らの貯蓄を資本財ではなくむしろそのようなものに投資してしまうのです。

ヨーロッパ人が、これらの国々に現代的医薬品や伝染病の現代的治療法を持ち込んだために、この状況はさらに悪化してしまいました。中国や特にインドでは、先に述べたような状況がいまだ支配的であるにもかかわらず、幼児死亡者数が激減しました。その結果、これらの国々では、ますます人口が増大し、資本投資は減少してしまいました。一人当たり資本は増加するのではなく、減少しているのです。ロシアの体制も資本蓄積を生み出しておらず、十分な資本蓄積がありません。だから、世界人類の大部分は、生活水準の低下を伴う条件下で生活しているという非常事態なのです。こんなことを言いたくはありませんが事実なのです。もし伝染病と戦う方法が輸入されなかったとしたら、これらの人々にとってその方が良かったかもしれないのです。

資本主義、機械生産等々は物質的なものではないと再度強調したいと思います。これら用具や機械は、ある種の精神態度、ある種のイデオロギーによって達成された物質的結果なのです。資本主義や今日の状況、現代的生活水準は単なる技術の結果ではありません。それらは、分業と生産手段の私的所有の下、社会組織や協業について特定の考え方を持つことで、もたらされたものなのです。もし状況を変化させたいのであれば、「後進」諸国でこれら考え方が採用されなければなりません。

私は、幸福やそれに関連するその他の問題を扱いたくはありません。機械や服がなく、とても独特な食習慣でも、アフリカ人は幸せであると言いたくはないのです。確かに、彼らは自分たちを苦しめている様々な悪弊に強い関心があるわけではありませんが、それらに対しては、現代資本主義的方法を用いてようやく戦うことができるのです。アルベルト・シュバイツァー博士（一八七五－一九六五）がアフリカ奥地に行き、状況の改善に努めたことは立派なことです。しかし、資本主義と比較して、シュバイツァー博士はとても限られた影響しか与えていません。資本主義は、アフリカ中部にある病院の維持に必要なすべてを供給する現代的生産方法を実現したのです。もしアジアやアフリカにいる何百万人もの人々を助けたいのならば、必要とされるのは資本主義的生産方法と資本主義的思想です。現在その国々で用いられている方法では、発展できないのです。

植民地政策を不要にする海外投資

戦争や征服が不要となった理由の一つに、一九世紀における外国資本の導入があります。かつて人々が直面しなければならなかった状況、そして今日再び直面している状況というのは、天から天然資源を授けられた国々が世界には存在し、その他の国々はその資源を利用できないというものです。天然資源だけを考えると、ヨーロッパには不十分にしか存在していません。アジアには豊富にあります。一方で、天然資源を豊富に持つ国々が、資本に関して後進的で貧しいために、この資源を用いて何も生み出すことができず、他方で、政府や住民の利益のために、外国人はそこでの資本投資やこの資源の利用が認められないとするならば、文明諸国の国民たちがこの状況に永遠に耐え続けることなど、誰も期待できないでしょう。五、六百年前に、住民の祖先がその国を征服したというだけで、彼らは世界における諸条件の改善や平和の進展を妨げる権利を持っているのでしょうか。

征服することでようやくこれら資源を獲得できる状況、つまり植民地制度が必要となる状況に私たちは戻っているのです。一九世紀に発達した手段が、植民地制度を不要にしました。しかし現在、これらの国々は貿易による原材料の入手を妨げており、私たちは元の状況に戻っているのです。私たちには知り得ませんが、いつの日か、後進国でしか入手できない原材料に依存する新技術が発見されるかもしれません。そうなれば、人々は「もし私たちがその原材料を使えるのなら、自国や他国の生活水準を改善できるのだが、チベットのダライ・ラマにとって、それは完全に無用だ」と言うことでしょう。まさに海外投資――政治的介入を用いずに、あらゆる天然資源を利用する可能性――こそが、戦争を不要にしたのです。それによって、関連する国々が痛めつけられるわけではありません。海外投資は、少しの危害も加えることなく、本当にその国の発展に寄与したのです。世界平和はこれにかかっているのです。

海外投資の消滅はとても深刻な問題です。今日最もはっきりとしていることは、中国やインド、その他の国々での悪い結末、劣悪な生活水準だけでありますが、これがすべてではありません。国際政治制度そのものが影響を受けるでしょう。そして、もしそのような紛争が本当に現実のものとなるならば、国連ボーイスカウトでさえも、国際連合の前身である国際連盟規約以上のものではないとわかるでしょう。

私の講義にお付き合いいただき感謝いたします。

【質疑応答でのコメント】

ネップ[7]の間、レーニンは、ロシアに投資するために外国資本を獲得しようとしましたが、大した額にはなりませんでした。

貿易協定における相互主義は、市場経済を破壊する方法の一つです。買ってくれる人たちだけから買うという原則は、貨幣の存在を無視しています。貨幣の理念、貨幣の利用、貨幣制度そのものは、まさに買ってくれる人たちだけから買うということから人々を解放するためにあるのです。三角貿易というのは、貨幣を用いた貿易のことです。あなたの買い付け先は、別の人から買い付けているのです。仮にこの原則が適用されるとすれば、この国にはいかなる事業も存在し得ないでしょう。

大自然や経済に国境はありません。国境というのは政府によって作られる障害なのです。政府がこれら区分を作るのです。

資本主義は資本家の陰謀ではありません。それは経済制度なのです。個々の資本家の考えは、多くの点で市場経済の原則に反するかもしれません。特権や保護等を要求する事業家はいつの時代にも存在していましたし、これら要求を世論が是認したために、彼らは目的を達することができたのです。それはロビイストたちのせいではないのです。幼稚産業を守ることさえ不必要です。そのような保護がなくとも、アメリカ産業は転換しています。一部の人々が特権を獲得するなら、特権を持っていない人々は危険に晒されます。非特権者も特権を要求するなら、事は単純です。そのような特権制度を消滅させる義務は、事業家ではなく、世論、思想学者、為政者、政治家、政治運動にあるのです。もし特権があるのなら、誰もが特権を得ようとするでしょう。

資本主義の強みというのは、資本家ではなく、大衆の利益のために存在しています。資本主義とは、何よりも大衆の

訳注７　ネップ（NEP：新経済政策）は、一九二一年から一九二八年までソヴィエト連邦で行われた経済政策のこと。一九一八年の内戦によって始められた戦時共産主義に代わって採用された。

ための大規模生産です。消費者は資本主義から利益を得ます。消費者はいつも正しいのです。資本主義制度は、親の言うことを聞く子供に報いるためのものではありません。それは国民や大衆に報いるための制度なのです。もし個々の資本家が悪人であるとしても、資本主義を廃止することで彼らを罰すべきではありません。ですから、邪悪な資本家というイメージを植え付ける、フィクション、文学作品、演劇を書く作家や著述家たちは皆、ピントがずれているのです。

私が資本主義に賛成し社会主義に反対するのは、資本家たちがとても素晴らしい人間だからではありません。ある人は善人でしょうし、ある人は違うでしょう。この点、資本家は他の人たちと違いはありません。私が資本主義に賛成するのは、それが人類を利するからなのです。私が社会主義に反対するのは、社会主義者が悪人であるからではなく、それがあらゆる人々の生活水準を引き下げ、自由を破壊してしまうからなのです。

筆者略歴

ルートヴィヒ・フォン・ミーゼス（1881-1973）

オーストリア＝ハンガリー二重帝国に生まれた自由主義経済学者。資本主義・市場経済を擁護し、社会主義・計画経済を徹底的に批判した。彼の弟子にはノーベル経済学賞を受賞したハイエクがいる。また、レプケ、フリードマンなどにも影響を与えるなど、新自由主義の形成に大きな役割を果たした。オーストリア商工会議所に勤務し、ウィーン大学、ジュネーブの国際高等研究所、ニューヨーク大学などで教鞭をとる。1940年にアメリカへ亡命。主著『ヒューマン・アクション』(春秋社)。

訳者略歴

赤塚 一範

1985年、愛知県一宮市生まれ。
HS政経塾スタッフ、HSU非常勤講師。
2019年國學院大學経済学研究科博士課程修了、博士（経済学）。
論文「オーストリア資本理論の独自性と多様性 ―資本機能と企業家の観点から―」『経済学史研究』61巻1号、2019年。

マルクス主義の正体 ―人類を破滅させる妄想体系―

2023年9月30日　初版第1刷発行
2024年4月17日　初版第2刷発行

著　者　ルートヴィヒ・フォン・ミーゼス
翻訳者　赤塚 一範
発行所　学術研究出版
〒670-0933　兵庫県姫路市平野町62
［販売］Tel.079(280)2727　Fax.079(244)1482
［制作］Tel.079(222)5372
https://arpub.jp
印刷所　小野高速印刷株式会社

ISBN978-4-911008-12-6